MANN
KOCHT SELBST

REZEPTE FÜR ECHTE MÄNNER!

This edition published by Parragon Books Ltd
LOVE FOOD is an imprint of Parragon Books Ltd

Parragon Books Ltd
Chartist House
15–17 Trim Street
Bath BA1 1HA, UK
www.parragon.com

Copyright © Parragon Books Ltd

LOVE FOOD® and the accompanying heart device is a registered trade mark of
Parragon Books Ltd in Australia, the UK, USA, India and the EU.

Projektmanagement: Kerry Starr
Layout: Lexi L'Esteve
Ernährungsberatung: Lincoln Jefferson
Fotografien: Mike Cooper
Einleitungstext: Dominic Utton

Alle Rechte vorbehalten. Die vollständige oder auszugsweise Speicherung,
Vervielfältigung oder Übertragung des Werkes, ob elektronisch, mechanisch, durch
Fotokopie oder Aufzeichnung, ist ohne vorherige Genehmigung des Rechteinhabers
urheberrechtlich untersagt.

Copyright © für die deutsche Ausgabe
Parragon Books Ltd
Chartist House
15–17 Trim Street
Bath BA1 1HA, UK
www.parragon.com

Realisation der deutschen Ausgabe: trans texas publishing services GmbH, Köln
Übersetzung: Wiebke Krabbe, Damlos

ISBN 978-1-4723-5399-3

Printed in China

Hinweis
Sind Zutaten in Löffeln angegeben, ist immer ein gestrichener Löffel gemeint: Ein
Teelöffel entspricht 5 ml, ein Esslöffel 15 ml. Sofern nicht anders angegeben, wird
Vollmilch (3,5% Fett) verwendet. Eier und einzelne Gemüsestücke sind von mittlerer
Größe. Pfeffer wird grundsätzlich frisch gemahlen verwendet. Wurzelgemüse sollte vor
der Weiterverarbeitung geschält werden.
Garnierungen, Dekorationen und Serviervorschläge sind optional und nicht unbedingt
in der Zutatenliste oder Anleitung angegeben. Alle optionalen Zutaten und Zutaten
zum Abschmecken sind nicht in den angegebenen Zeiten berücksichtigt worden. Die
angegebenen Zeiten können von den tatsächlichen leicht abweichen, da je nach
verwendeter Zubereitungsmethode und vorhandenem Herdtyp Schwankungen auftreten.

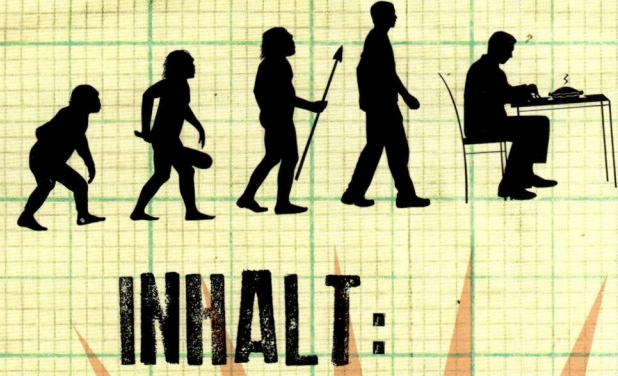

INHALT:

Vorwort **6**

Kapitel 1 **KURZ WAS BEISSEN** **08**

Kapitel 2 **REZEPTE GEGEN MÄNNERHUNGER** **40**

Kapitel 3 **SÜSS MUSS SEIN** **70**

Kapitel 4 **EINDRUCK SCHINDEN** **100**

Register **128**

Essen für ganze Kerle

Männer, wir sind eine bedrohte Art. Bedroht von den Strömungen der Metrosexualität einerseits und von der fortschreitenden Domestizierung andererseits. Wir diskutieren über Feuchtigkeitscremes und Wohnfarben, haben ein Peeling im Schrank und Dekokissen auf dem Sofa. Demnächst wird uns unser Y-Chromosom abhandenkommen. Und sogar unser Essen ist nicht mehr sicher.

Mini-Portionen? Fettarm? Quinoa, um Himmels willen? Wo ist das echte Männeressen geblieben?

So war es nicht immer. Es gab ein goldenes Zeitalter, in dem der Mensch eine einfache Beziehung zum Essen hatte. Das Herz eines Mannes war über den Magen zu erobern. Wir waren, was wir aßen. Und was aßen wir? Herzhaftes, Kohlenhydratreiches, Scharfes — auf jeden Fall viel. So viel, dass Magen und Herz etwas davon hatten.

Schließlich waren wir Männer: Jäger, Sammler, Versorger und Beschützer. Wir brauchten Futter, das uns mit Energie versorgte und uns die Kraft gab, unsere Lebensaufgabe zu erfüllen. Futter für Kerle stand für Energie und Kraft — und genau diesen Zweck erfüllte sie.

Was geschah dann? Dann geschah der Fortschritt. In Technologie und Lebensstil, in Medizin und Gesundheit, in gesellschaftlichen Rollenbildern. Und irgendwo auf dem Weg dieses zweifellos lobenswerten Fortschritts ging etwas verloren. Ein wesentlicher Teil unserer Männlichkeit kam abhanden.

Hier muss das Gleichgewicht wiederhergestellt werden. Ja, wir benutzen Feuchtigkeitscreme (ab und zu). Wir verlaufen uns nicht im Möbelhaus. Wir schätzen Sonnenmilch und Lippenbalsam und wissen, dass man nicht drei Tage lang dieselbe Unterhose trägt. Aber deswegen müssen wir unser Geschlecht doch nicht restlos verleugnen. Wir dürfen doch wenigstens essen wie richtige Männer.

Also, meine Herren, Schluss mit der Weicheierei. Ziehen wir mit Messer, Gabel und Bratpfanne in den Kampf. Dies ist ein Rezeptbuch für Männer. Geschrieben von Männern. Mit Gerichten für Männer.

Verstehen wir es als kulinarisches Manifest. Ein Fest für die Augen, die Seele und den Bauch — und für das Y-Chromosom, das uns von der anderen Hälfte der menschlichen Rasse unterscheidet.

Um eins klarzustellen: Es geht uns nicht um Sexismus, Chauvinismus oder imponierendes Brustgetrommel. Wir sind schließlich keine Neandertaler.

Essen für Männer bedeutet nicht Rückkehr in die Steinzeit. Es geht nicht um Gerichte, die vor Fett triefen und tonnenschwer im Magen liegen. Auch nicht um Mammut-Burger (obwohl so ein frisch erlegtes Mammut bestimmt lecker war).

Essen für Männer ist kein Synonym für ungesundes Essen, und niemand muss sein Frühstück selbst zur Strecke bringen.

Hier muss auch niemand in abgeschiedener Wildnis über offenen Flammen grillen und gleichzeitig mit einer Hand ein Kanu steuern und mit der anderen ein Biwak errichten (obwohl – wer unbedingt will, kann es natürlich probieren).

Vor allem geht es nicht darum, die Damen vom Tisch zu verbannen.

Worum geht es also? Um anständige Portionen, die Männern großartig schmecken und die leider in letzter Zeit von den Tischen verschwunden sind. Wir meinen, dass es nicht nur in Ordnung ist, wie ein ganzer Kerl zu essen, sondern dass es sogar besser ist. Absolut empfehlenswert.

Essen für Männer – das sind Kohlenhydrate. Das ist Fleisch. Das sind anständige Portionen, und das ist Geschmack: richtiger Geschmack, Würze, Schärfe, Pepp.

Wenn demnächst mal wieder Freunde vorbeikommen und den kleinen Hunger mitbringen, kramen Sie nicht makrobiotischen Joghurt und Karnickel-Körnerriegel hervor, sondern zaubern Sie etwas Handfestes aus dem Hut: Zweimal frittierte Pommes, Mega-Sandwich mit Fleischklößchen, feurig scharfe Rindfleisch-Tacos.

Dazu muss man natürlich wissen, wie man den Appetit eines richtigen Kerls befriedigt. Wie man stattliche Doppeldecker-Burger zuwege bringt, ein preisverdächtiges Chili zusammenkocht, kolossale Kebabs auf den Tisch bringt, eine Riesenpizza backt oder Surf & Turf der Spitzenklasse aus dem Hut zaubert.

Wenn Männer kochen, darf natürlich auch Grillen nicht fehlen. Steaks, Koteletts, Bratwürste, Chorizo, Eier (jawohl), Pilze, Tomaten ... Appetit? Schauen Sie mal auf Seite 46 nach.

Noch nicht zufrieden? Das war ja zu erwarten. Echte Männer mögen Süßes, und auch dafür ist gesorgt. Probieren Sie Angeschickerten Schoko-Käsekuchen, Bieramisu, Cookie-Dough-Eiscreme, Saftigen Karamellkuchen und noch viel mehr.

Echte Kerle stehen auf Bier. Nichts gegen Wein, keine Frage, aber selbst gebrautes Bier ist einfach mehr als ein Getränk ... es ist eine Art Kunsthandwerk.

Und falls Sie sich nun fragen, wie sich so viel Männlichkeit auf die Figur auswirkt, dann finden Sie auf Seite 80 Tipps, wie Sie wie ein Mann essen und wie ein Gott aussehen können. Rotes Fleisch, Proteine und Kohlenhydrate schmecken doch gleich viel besser, wenn man weiß, wie man sie in Muskeln umwandelt.

Aber jetzt genug der Worte. Niemand muss Ihnen sagen, was ein Mann ist. Das wissen Sie selbst, schließlich sind Sie einer. Dann fangen Sie ruhig auch an, wieder wie einer zu essen.

Guten Hunger!

Kapitel 1
KURZ WAS BEISSEN

ZWEIMAL FRITTIERTE POMMES	10
POMMES MIT SPECK UND KÄSE	12
BIERWAFFELN MIT SCHINKEN UND KÄSE	14
DAS BESTE BACON-BAGUETTE	16
KARTOFFEL-WEDGES MIT ZWEI DIPS	18
TORTILLA-CHIPS MIT RINDFLEISCH	20

FEURIGE RINDFLEISCH-TACOS	22
MEGA-BRÖTCHEN MIT FLEISCHKLÖSSEN	24
RUMPSTEAK-SANDWICHES	26
AUFGESPIESSTE WÜRSTCHEN IM TEIG	28
BIERBRAUEN FÜR ALLE	30
BAGELS MIT ÜBERBACKENEM THUNFISCH	32
SCHARFES FISCHSTÄBCHEN-SANDWICH MIT RUSSISCHEM DRESSING & RUCOLA	34
PIKANTE GEBACKENE EIER MIT TOMATEN & SPECK	36
SUPER-OMELETTE MIT CHORIZO, ROTEN ZWIEBELN & BLAUSCHIMMELKÄSE	38

ZWEIMAL FRITTIERTE POMMES

SCHWIERIGKEITSGRAD

Zutaten

900 g Kartoffeln, geschält
1 l Pflanzenöl
Meersalz

1. Die Kartoffeln in 5 x 5 mm x 5 cm große Stäbchen schneiden. 5 Minuten in eine Schüssel mit kaltem Wasser legen, dann abgießen und abspülen.

2. Leicht gesalzenes Wasser in einem mittelgroßen Topf bei hoher Temperatur zum Kochen bringen. Die Kartoffeln zugeben, wieder zum Kochen bringen und die Kartoffeln 3–4 Minuten garen, bis sie beginnen, weich zu werden. Die Kartoffeln abgießen und auf einem mit Backpapier ausgelegten Backblech verteilen. 1 Stunde (oder über Nacht) in den Kühlschrank stellen.

3. Das Öl in einen großen Topf mit schwerem Boden oder in eine Fritteuse geben. Bei Verwendung eines Topfs ist ein Küchenthermometer nützlich. Das Öl auf 180–190°C erhitzen oder bis ein Brotwürfel darin in 30 Sekunden braun wird. Die vorbereiteten Kartoffeln vorsichtig ins Öl geben, eventuell portionsweise, damit der Topf nicht zu voll wird. 3–4 Minuten frittieren, bis die Kartoffeln zu bräunen beginnen. Mit einer Zange herausnehmen und auf einem mit Küchenpapier ausgelegten Teller abtropfen lassen.

4. Das Öl wieder auf 180–190°C erhitzen, die Kartoffeln nochmals hineingeben und 3–5 Minuten frittieren, bis sie goldbraun und knusprig sind. Aus dem Öl nehmen und auf einem mit Küchenpapier ausgelegten Teller abtropfen lassen. Großzügig mit Meersalz bestreuen und sofort servieren.

POMMES MIT SPECK UND KÄSE

SCHWIERIGKEITSGRAD

Zutaten

3 Scheiben durchwachsener Speck

3 EL Butter

½ Zwiebel, gewürfelt

1 Knoblauchzehe, fein gehackt

3 EL Mehl

350 ml Milch

280 g Emmentaler, gerieben

50 g frisch geriebener Parmesan

125 g saure Sahne

2 TL Dijon-Senf

½ TL Salz

Zweimal frittierte Pommes (siehe Seite 10), frisch zubereitet

2 EL frische Schnittlauchröllchen, zum Garnieren

1. Den Speck in einer Pfanne ohne zusätzliches Fett knusprig braten. Aus der Pfanne nehmen und auf Küchenpapier abtropfen lassen. Zerbröseln und beiseitestellen.

2. Die Butter in einem Topf bei mittlerer Temperatur zerlassen. Die Zwiebel darin unter gelegentlichem Rühren 4 Minuten weich dünsten. Den Knoblauch zugeben und 1 Minute mitdünsten. Das Mehl einrühren und 30 Sekunden anschwitzen. Langsam die Milch zugießen und bei mittlerer Temperatur unter ständigem Rühren 3 Minuten köcheln, bis die Sauce eindickt. Die Hitze reduzieren. Emmentaler und Parmesan soweit möglich jeweils in 25-g-Portionen zugeben und gut unterrühren. Wenn der Käse geschmolzen ist, saure Sahne, Senf und Salz einrühren. Die Sauce bis zum Servieren warm halten.

3. Die Pommes in eine große Schüssel oder auf eine Servierplatte geben und mit der Sauce übergießen. Mit zerbröseltem Speck und Schnittlauchröllchen bestreuen und sofort servieren.

BIERWAFFELN MIT SCHINKEN UND KÄSE

SCHWIERIGKEITSGRAD

Zutaten

150 g Mehl

1½ TL Backpulver

1 Prise Salz

2 TL scharfes Senfpulver

250 ml helles Bier

1 großes Ei

2 EL Sonnenblumenöl, plus etwas mehr zum Einfetten

Belag

8 dünne Scheiben geräucherter Schinken

140 g Bergkäse oder Emmentaler, grob gerieben

1. Mehl, Backpulver, Salz und Senfpulver in eine Schüssel sieben. Bier, Ei und Öl zugeben und alles zu einem glatten Teig verrühren. 5 Minuten quellen lassen.

2. Ein Waffeleisen dünn einfetten und erhitzen. Etwas Teig einfüllen und goldbraun backen. Den restlichen Teig ebenso verarbeiten, die fertigen Waffeln warm halten.

3. Den Backofengrill auf hoher Temperatur vorheizen. Die Waffeln auf ein Backblech legen. Den Schinken darauf verteilen, mit dem geriebenen Käse bestreuen und grillen, bis der Käse schmilzt. Sofort servieren.

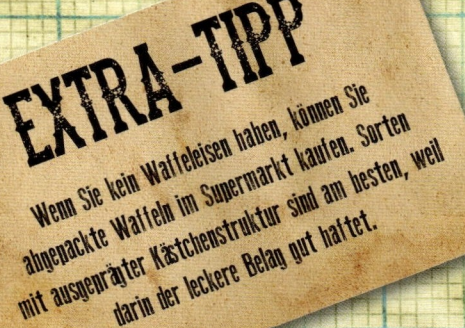

EXTRA-TIPP

Wenn Sie kein Waffeleisen haben, können Sie abgepackte Waffeln im Supermarkt kaufen. Sorten mit ausgeprägter Kästchenstruktur sind am besten, weil darin der leckere Belag gut haftet.

DAS BESTE BACON-BAGUETTE

SCHWIERIGKEITSGRAD

Zutaten

1 großes Baguette

4 EL Mayonnaise

500 g magerer durchwachsener Speck

4 EL Pflanzenöl

4 Eier

10 Scheiben Schweizer Käse

Chipotle-Chili-Sauce nach Geschmack

1. Den Backofengrill auf hoher Temperatur vorheizen.

2. Das Baguette der Länge nach aufschneiden, mit der Mayonnaise bestreichen und beiseitestellen.

3. Den Speck von beiden Seiten grillen, bis er knusprig ist. Warm stellen.

4. In einer mittelgroßen Pfanne das Öl bei mittlerer Temperatur erhitzen. Die Eier einzeln hineinschlagen und braten, bis das Dotter nach Geschmack fest oder flüssig ist.

5. Das Unterteil des Baguettes mit Käse belegen. Darauf Speck und Spiegeleier geben. Mit Chilisauce beträufeln.

6. Das Baguette-Oberteil daraufsetzen und leicht andrücken. Halbieren und sofort servieren.

EXTRA-TIPP

Kein Baguette im Haus? Dann nehmen Sie dicke Scheiben von frischem Weißbrot oder Toastbrot. Kurz toasten und mit etwas Butter bestreichen: Perfekt!

KARTOFFEL-WEDGES MIT ZWEI DIPS

VORB.: 15 Min.
FÜR 2 PERSONEN
GARZEIT: 35 Min.

SCHWIERIGKEITSGRAD

Zutaten

6 große Kartoffeln
6 EL Olivenöl
1 EL Paprikapulver
1 TL getrockneter Oregano
1 kleines Bund frischer Thymian
3 Knoblauchknollen, Spitzen abgeschnitten
4 EL Mayonnaise
4 EL saure Sahne
2 EL Sahnemeerrettich
1 kleines Bund frisch gehackter Schnittlauch
Salz und Pfeffer

1. Den Backofen auf 200°C vorheizen.

2. Jede Kartoffel längs halbieren, dann in 3 Spalten schneiden und in eine große Schüssel geben. Nach Geschmack mit Salz und Pfeffer würzen und Olivenöl, Paprika, Oregano, Thymian und Knoblauchknollen zugeben. Vorsichtig mischen, bis Kartoffeln und Knoblauch ganz mit Öl umhüllt sind.

3. Ein großes Backblech mit Backpapier auslegen. Kartoffeln und Knoblauch darauf verteilen, die gesamte Öl-Gewürz-Mischung aus der Schüssel zugeben. Im vorgeheizten Backofen 20 Minuten backen, bis die Kartoffeln auf Fingerdruck etwas nachgeben. Den Knoblauch herausnehmen und die Kartoffel-Wedges wenden. Wieder in den Ofen schieben und weitere 15 Minuten garen.

4. Inzwischen die Mayonnaise und die saure Sahne in separate Schüsseln geben. Meerrettich und Schnittlauch mit der sauren Sahne verrühren und beiseitestellen.

5. Die gegarten Kartoffeln aus dem Ofen nehmen und 5 Minuten abkühlen lassen. Die abgekühlten Knoblauchknollen auf einen flachen Teller legen, das weiche Innere herausschaben oder -drücken und die Schale wegwerfen. Den Knoblauch grob hacken und unter die Mayonnaise rühren.

6. Die Kartoffel-Wedges sofort mit den beiden Dips servieren.

TORTILLA-CHIPS MIT RINDFLEISCH

VORB.: 10 Min.
FÜR 2 PERSONEN
GARZEIT: 30 Min.

SCHWIERIGKEITSGRAD

Zutaten

- 2 EL Olivenöl
- 1 Zwiebel, gehackt
- 200 g Rinderhackfleisch
- 1 EL getrockneter Oregano
- 1 EL Paprikapulver
- 1 EL Kreuzkümmel
- 400 g passierte Tomaten
- 225 ml Wasser
- 30 g Butter
- 30 g Mehl
- 450 ml lauwarme Milch
- 100 g Emmentaler, gerieben
- 100 g junger Gouda, gerieben
- 1 EL Senf
- 55 g Parmesan
- 200 g Tortilla-Chips
- 1 reife Avocado
- 100 g eingelegte Jalapeños, abgetropft
- 1 kleine rote Zwiebel, fein gehackt
- Salz und Pfeffer

1. Das Öl in einem mittelgroßen Topf bei mittlerer Temperatur erhitzen. Die Zwiebel darin 5 Minuten dünsten, bis sie glasig und hellbraun ist. Das Fleisch zugeben und weitere 5 Minuten braten, bis es braun wird. Zwischendurch mit einem Kochlöffel zerbröseln.

2. Oregano, Paprika, Kreuzkümmel, passierte Tomaten und Wasser zufügen und alles bei niedriger Temperatur 20 Minuten köcheln lassen, bis die Sauce auf die Hälfte eingekocht ist. Mit Salz und Pfeffer abschmecken und beiseitestellen.

3. Inzwischen die Butter in einem mittelgroßen Topf zerlassen, das Mehl zugeben und mit einem Kochlöffel gut verrühren. Langsam die Milch zugießen, dabei ständig rühren, damit sich keine Klümpchen bilden. Erhitzen, bis die Sauce eindickt und zu kochen beginnt. Den Herd abschalten. Emmentaler, Gouda, Senf und die Hälfte des Parmesans zufügen. Glatt rühren, mit Salz und Pfeffer abschmecken und beiseitestellen.

4. Die Hälfte der Hackfleischsauce auf eine große Servierplatte geben. Die Tortilla-Chips darauf verteilen, dann den Rest der Fleischsauce darübergeben. Darauf die Käsesauce füllen.

5. Die Avocado halbieren, entkernen, schälen und in kleine Würfel schneiden. Mit Jalapeños, roten Zwiebelwürfeln und dem restlichen Käse auf die Tortilla-Chips streuen. Sofort servieren.

FEURIGE RINDFLEISCH-TACOS

VORB.: 20 Min.
FÜR 2 PERSONEN
GARZEIT: 25 Min.

SCHWIERIGKEITSGRAD

Zutaten

- 2 EL Maiskeimöl
- 1 kleine Zwiebel, fein gehackt
- 2 Knoblauchzehen, fein gehackt
- 280 g frisches Rinderhackfleisch
- 1½ TL scharfes Chilipulver
- 1 TL gemahlener Kreuzkümmel
- 8 Tacos
- 1 Avocado
- 2 EL Zitronensaft
- ¼ Eisbergsalat, in Streifen geschnitten
- 4 Frühlingszwiebeln, in dünne Ringe geschnitten
- 2 Tomaten, gehäutet und gewürfelt
- 125 g saure Sahne
- 115 g Emmentaler, gerieben
- Salz und Pfeffer

1. Das Öl in einer Pfanne erhitzen. Zwiebel und Knoblauch zugeben und bei niedriger Temperatur unter gelegentlichem Rühren 5 Minuten weich dünsten. Das Fleisch zugeben, auf hohe Temperatur umschalten und unter häufigem Rühren 8–10 Minuten braun braten. Zwischendurch mit einem Kochlöffel zerbröseln. So viel Fett wie möglich abgießen.

2. Chilipulver und Kreuzkümmel einrühren, mit Salz und Pfeffer abschmecken und bei niedriger Temperatur unter häufigem Rühren weitere 8 Minuten köcheln lassen. Vom Herd nehmen.

3. Die Tacos gemäß Packungsanweisung erhitzen. Inzwischen die Avocado entkernen, schälen und in Scheiben schneiden. In einer Schüssel mit dem Zitronensaft beträufeln.

4. Salat, Frühlingszwiebeln, Tomaten und Avocadoscheiben auf die Tacos verteilen. Auf jeden 1 Esslöffel saure Sahne geben, dann die Fleischmischung in die Tacos füllen. Mit dem Käse bestreuen und sofort servieren.

MEGA-BRÖTCHEN MIT FLEISCHKLÖSSEN

VORB.: 25 Min.
FÜR 4 PERSONEN
GARZEIT: 15–20 Min.

SCHWIERIGKEITSGRAD

Zutaten

Fleischklöße

450 g mageres Rinderhackfleisch

1 kleine Zwiebel, gerieben

2 Knoblauchzehen, zerdrückt

25 g feine Semmelbrösel

1 TL scharfe Chilisauce

Salz und Pfeffer

Vollkornmehl, zum Bestäuben

Erdnussöl, zum Braten

1 EL Olivenöl

1 kleine Zwiebel, in Ringe geschnitten

4 Baguettebrötchen

4 EL Mayonnaise

55 g Jalapeños (aus dem Glas), in Scheiben geschnitten

2 EL Senf

1. Hackfleisch, Zwiebel, Knoblauch, Semmelbrösel und Chilisauce in eine Schüssel geben, nach Geschmack mit Salz und Pfeffer würzen und gründlich verkneten. Die Hände mit Mehl bestäuben und aus der Masse 20 kleine Klöße formen. Abgedeckt 10 Minuten (oder bis zur weiteren Verarbeitung) in den Kühlschrank stellen.

2. Etwas Erdnussöl in einem Wok oder einer Gusseisenpfanne stark erhitzen. Die Fleischklöße darin portionsweise 6–8 Minuten braten, bis sie fest und goldbraun sind. Zwischendurch häufig wenden. Mit einem Schaumlöffel herausnehmen, auf Küchenpapier abtropfen lassen und warm halten.

3. Das Olivenöl in einer sauberen Pfanne bei mittlerer Temperatur erhitzen. Die Zwiebel darin goldbraun braten.

4. Die Brötchen aufschneiden und mit Mayonnaise bestreichen. Zwiebel, Fleischklöße und Jalapeños auf der unteren Hälfte verteilen, Senftupfer daraufgeben und die andere Hälfte aufsetzen. Sofort servieren.

MEHR HUNGER?
Nehmen Sie ein halbes Baguette pro Person. Darauf ist Platz für noch mehr Fleischklöße.

RUMPSTEAK-SANDWICHES

VORB.: 10 Min.
FÜR 4 PERSONEN
GARZEIT: 25 Min.

SCHWIERIGKEITSGRAD

Zutaten

- 8 dicke Scheiben Weißbrot
- weiche Butter, zum Bestreichen
- 2 Handvoll gemischte Salatblätter
- 3 EL Olivenöl
- 2 Zwiebeln, in dünne Ringe geschnitten
- 675 g Rumpsteak, 2,5 cm dick
- 1 EL Worcestersauce
- 2 EL körniger Senf
- 2 EL Wasser
- Salz und Pfeffer

1. Jede Brotscheibe mit etwas Butter bestreichen. Die unteren Brotscheiben mit einigen Salatblättern belegen.

2. 2 Esslöffel Öl in einer großen Pfanne bei mittlerer Temperatur erhitzen. Die Zwiebeln darin unter gelegentlichem Rühren 10–15 Minuten dünsten, bis sie glasig und goldbraun sind. Mit einem Schaumlöffel auf einen Teller heben und beiseitestellen.

3. Auf hohe Temperatur umschalten und das restliche Öl in die Pfanne geben. Das Fleisch zugeben, mit Pfeffer würzen und von beiden Seiten kurz scharf anbraten. Auf mittlere Temperatur umschalten und das Fleisch von jeder Seite 2½–3 Minuten (nach Geschmack auch länger – siehe Seite 62) braten. Auf den Teller zu den Zwiebeln legen.

4. Worcestersauce, Senf und Wasser in die Pfanne geben. Mit einem Kochlöffel den Bratensatz vom Boden lösen. Die Zwiebeln unterrühren und mit Salz und Pfeffer abschmecken.

5. Das Fleisch quer zur Faserrichtung in dünne Scheiben schneiden, auf die 4 unteren Brotscheiben geben und Zwiebeln und Senfdressing darauf verteilen. Die oberen Brotscheiben auflegen und vorsichtig andrücken. Sofort servieren.

AUFGESPIESSTE WÜRSTCHEN IM TEIG

VORB.: 10 Min.
FÜR 2 PERSONEN
GARZEIT: 30 Min.

SCHWIERIGKEITSGRAD

Zutaten

Öl, zum Frittieren

100 g Mehl, gesiebt, plus 4 EL zum Bestäuben

300 g feiner Maisgrieß

2 EL Zucker

1 TL geräuchertes Paprikapulver

2 TL Senfpulver

1 TL Salz

1 TL Backpulver

2 große Eier

300 ml Buttermilch

150 ml Wasser

10 Wiener Würstchen

Senf und Ketchup, zum Servieren

1. Reichlich Öl in einem großen Topf oder einer Fritteuse auf 180–190 °C erhitzen oder bis ein Brotwürfel in 30 Sekunden darin braun wird.

2. Inzwischen in einer mittelgroßen Schüssel Mehl, Maisgrieß, Zucker, geräuchertes Paprikapulver, Senfpulver, Salz und Backpulver mischen. Die Eier mit einem Kochlöffel unterrühren. Dann allmählich Buttermilch und Wasser zugeben und weiterrühren, bis ein glatter, dickflüssiger Teig entsteht.

3. Jedes Würstchen der Länge nach auf einen Holzspieß stecken, bis noch etwa ein Viertel des Spießes herausschaut. Die restlichen 4 Esslöffel Mehl in eine Schüssel geben. Die Würstchen im Mehl wälzen, dann in den Teig tauchen, bis sie gleichmäßig umhüllt sind. Überschüssigen Teig abtropfen lassen.

4. Die Würstchen ins heiße Öl tauchen und 5 Minuten frittieren, bis der Teig goldbraun ist. Herausnehmen, auf Küchenpapier abtropfen lassen und warm halten, bis alle Würstchen frittiert sind.

5. Sofort mit Senf und Ketchup servieren.

BIERBRAUEN FÜR ALLE

Niemand Geringerer als der große Benjamin Franklin hat einmal gesagt: „Bier ist der Beweis, dass Gott uns liebt und möchte, dass wir glücklich sind." (Die Gelehrten streiten, ob dieses Zitat wirklich von Franklin stammt. Auf jeden Fall stimmt es, und wir wollen uns hier ja nicht mit den Gründervätern der USA anlegen.)

Allerdings ist Bier nicht billig, und man muss einen Weg zurücklegen, um es zu besorgen. Die Menge, die man mitnehmen kann, ist überdies begrenzt. Also wäre es ideal, immer reichlich davon auf Vorrat zu haben, und zwar zum Bruchteil des Preises, den man für ein, zwei Sixpacks bezahlt.

Das Bierbrauen hatte lange einen schlechten Ruf. Man assoziierte es mit zottelbärtigen Männern in Strickpullovern und Gesundheitslatschen oder mit armen Studenten, die alles schluckten, um ein bisschen blau zu werden. Kurz gesagt: Anständige Männer brauten ihr Bier nicht selbst.

Das hat sich geändert.

„Handwerkliches Bier" — aus natürlichen Zutaten mit Liebe und Sachverstand gebraut — liegt heute auch bei Leuten im Trend, die sich für hip halten. Und wenn es so viele tun, drängt sich doch die Frage auf, wie schwierig das Brauen wohl sein mag.

Die Antwort lautet: Einfacher, als man glaubt!

Immer mehr Männer versuchen sich als Bierbrauer, und die Qualität der Produkte ist deutlich gestiegen. Interessenverbände, Websites und Anbieter von Zutaten vermelden, dass das Interesse stetig zunimmt. Die Brauergemeinde umfasst den Bräutigam, der sein eigenes Hochzeitsbier ausschenken möchte, ebenso wie den Familienvater, der für das sommerliche Straßenfest der Reihenhaussiedlung und das weihnachtliche Familientreffen sorgen will, und natürlich den ganz normalen Typen, der einfach ein neues, kreatives Hobby ausprobieren möchte.

Vorbei sind die Zeiten, als man für das Hausgebräu einen eisernen Magen brauchte. Heute kann jeder Mann mit Geschmack köstliches, preiswertes und im Hinblick auf die Promille gehaltvolles Bier produzieren.

Es gibt drei verschiedene Methoden. Absolute Einsteiger kommen damit zurecht, und Geübtere können individuelle Sorten kreieren.

Am einfachsten ist es, mit einem Komplettset zu beginnen — erhältlich in Fachgeschäften und im Internet. Sie bekommen alles, was Sie brauchen, um etwa 22 Liter Bier zu brauen, und müssen nicht mehr tun, als die Gebrauchsanweisung zu befolgen.

Das allerdings sollten Sie wirklich tun. Das Brauen ist eine relativ exakte Wissenschaft. Wenn Sie experimentieren, ohne genau zu wissen, was Sie tun, kann etwas Ungenießbares herauskommen. Besonders wichtig ist absolute Sauberkeit. Wer sie nicht beachtet, bekommt womöglich 22 Liter Essig (der für kulinarische Zwecke völlig ungeeignet ist).

Ein kompletter Brauvorgang dauert etwa vier Wochen und gliedert sich in die folgenden Schritte:

Vorbereiten, Sterilisieren, Mischen der Zutaten — ein paar Stunden.
Gärung — vollzieht sich von allein — zwei Wochen.
Abfüllen in Flaschen — etwa eine Stunde.
Nachgärung — noch einmal zwei Wochen.

Das Angebot an Einsteigersets ist groß, und es lohnt sich, einige auszuprobieren. Organisieren Sie sich zeitlich so, dass immer ein Teil gärt, ein anderer nachgärt und ein dritter getrunken werden kann.

Wer mehr Erfahrung hat, kann mit Konzentraten hantieren, um das Bier besser dem eigenen Geschmack anzupassen.

Ein Komplettset enthält alle Zutaten in abgemessenen Mengen. Wer mit Konzentraten arbeitet, gibt Hopfen und Hefe separat zu und kann dadurch den Geschmack wesentlich stärker beeinflussen.

Der Malzextrakt wird fertig gekauft, aber Sie müssen Ihren Hopfen selbst in einem großen Behälter (mindestens 20 Liter) einweichen, bevor Sie ihn zusammen mit der Hefe zugeben. Im Internet findet man jede Menge Informationen über die verschiedenen Arten und Mengen von Hopfen (oder Getreide), die verwendet werden können. Schon kleine Veränderungen der Rezeptur haben großen Einfluss auf den Geschmack des Biers.

Die Gärung verläuft meist schneller als mit einem Komplettset. Meist ist sie schon nach einer Woche abgeschlossen. Dann wird das Bier auf Flaschen gezogen. Das Brauen mit Sets ist einfach und bequem, doch beim Hantieren mit Konzentraten fühlt man sich schon eher wie ein richtiger Bierbrauer.

Für wirklich Geübte gibt es noch die Möglichkeit, alle Zutaten separat zu kaufen und im Grunde ebenso vorzugehen wie in einer professionellen Brauerei. Die Zutaten werden im Rohzustand gekauft und müssen eingeweicht, gekocht, gemaischt und vergoren werden.

Dafür sind einige Spezialutensilien notwendig, etwa einige sehr große Kochtöpfe und ein Hydrometer, um den Vorgang zu überwachen. Wer aber einige erfolgreiche Durchgänge mit Konzentraten geschafft hat, sollte es ruhig einmal versuchen. Auch zu dieser Form des Brauens gibt es im Internet viele Tipps.

Machen Sie sich Notizen. Das ist wichtig, um der Ursache von Pannen auf die Spur zu kommen, aber auch, um gelungene Rezepturen wiederholen zu können.

Denken Sie vor allem daran, dass es Spaß machen soll. Nicht nur das Trinken … mit etwas Übung kann die Hausbrauerei ein richtig tolles Hobby werden.

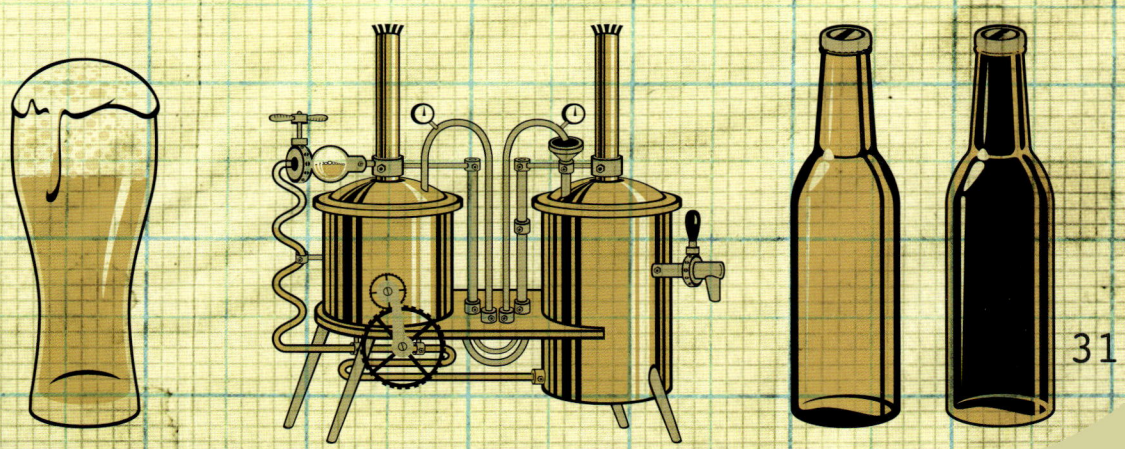

BAGELS MIT ÜBERBACKENEM THUNFISCH

SCHWIERIGKEITSGRAD

Zutaten

500 g Weizenmehl Type 1050, plus etwas mehr zum Bestäuben

1 Päckchen Trockenbackhefe

1 EL Zucker

1½ TL Salz

325 ml lauwarmes Wasser

Olivenöl, zum Einfetten

55 g Mohnsamen

375 g Thunfisch im eigenen Saft, abgetropft und zerpflückt

3 EL Mayonnaise

2 EL frische Schnittlauchröllchen, plus etwas mehr zum Garnieren

200 g Emmentaler, gerieben

1. Mehl, Hefe, Zucker und Salz in einer großen Schüssel mischen. Eine Vertiefung in die Mitte drücken und gerade genug Wasser zugeben, dass sich alles zu einem weichen Teig verkneten lässt.

2. Den Teig auf einer leicht bemehlten Arbeitsfläche 10 Minuten durchkneten. Abdecken und an einem warmen Ort 1 Stunde gehen lassen, bis sich sein Volumen verdoppelt hat.

3. Den Teig auf einer leicht bemehlten Arbeitsfläche nochmals durchkneten. In 8 Stücke teilen und jedes zu 1 Kugel rollen. Einen Finger in Mehl tauchen und damit ein Loch in die Mitte jeder Kugel drücken. Dann den Finger drehen und das Loch erweitern, bis der Teig eine Ringform hat. Die Teigringe abgedeckt 20 Minuten gehen lassen.

4. Den Backofen auf 220°C vorheizen. Ein Backblech einfetten. Wasser in einem großen Topf zum Kochen bringen. Die Bagels portionsweise ins Wasser legen und 2 Minuten köcheln lassen, bis sie aufgehen. Zwischendurch einmal wenden.

5. Den Mohn in einen Suppenteller geben. Die Bagels mit einem Schaumlöffel aus dem Wasser nehmen und in den Mohn drücken. Auf das vorbereitete Backblech legen und im vorgeheizten Backofen 20–25 backen, bis sie goldbraun und fest sind. Auf einem Kuchengitter abkühlen lassen.

6. Den Grill auf hoher Temperatur vorheizen. Den Thunfisch mit der Mayonnaise und dem Schnittlauch mischen. Die Bagels aufschneiden, mit der Thunfischmischung belegen und mit Käse bestreuen. Unter dem vorgeheizten Grill überbacken, bis der Käse schmilzt. Die oberen Hälften aufsetzen, mit Schnittlauchröllchen bestreuen und sofort servieren.

SCHARFES FISCHSTÄBCHEN-SANDWICH MIT RUSSISCHEM DRESSING & RUCOLA

VORB.: 2 Min.
ERGIBT 2 STÜCK
GARZEIT: 10 Min.

SCHWIERIGKEITSGRAD

Zutaten

Öl, zum Frittieren
20 Fischstäbchen
4 große Scheiben Weißbrot
100 g Rucola

Russisches Dressing
2 EL Mayonnaise
1 EL Sahnemeerrettich
1 EL Tomatenketchup
1 EL saure Sahne
1 EL scharfe Chilisauce (z. B. Sriracha)
1 TL Worcestersauce
½ TL geräuchertes Paprikapulver

1. Reichlich Öl zum Frittieren in einem großen Topf oder einer Fritteuse auf 180–190 °C erhitzen oder bis ein Brotwürfel darin in 30 Sekunden braun wird.

2. Inzwischen alle Zutaten für das russische Dressing in einer kleinen Schüssel verrühren. Beiseitestellen.

3. Die Fischstäbchen portionsweise 5 Minuten goldbraun frittieren, mit einem Schaumlöffel herausnehmen, auf Küchenpapier abtropfen lassen und warm halten, bis alle Fischstäbchen frittiert sind.

4. 2 Brotscheiben mit etwas Dressing bestreichen. Die Fischstäbchen darauflegen und mit dem restlichen Dressing beträufeln. Rucola darauf verteilen, die restlichen Brotscheiben auflegen und sofort servieren.

KULTKLASSIKER
Dies ist ein Klassiker, aber mit einer aufgepeppten Variante des Thousand Island Dressings.

PIKANTE GEBACKENE EIER MIT TOMATEN & SPECK

SCHWIERIGKEITSGRAD

Zutaten

- 25 g Butter
- 2 EL Olivenöl
- 1 Zwiebel, fein gehackt
- 2 Knoblauchzehen, fein gehackt
- 1 Selleriestange, fein gehackt
- 225 g magerer durchwachsener Speck, gewürfelt
- 1 rote Paprika, entkernt und gewürfelt
- 500 g Roma-Tomaten, gehäutet, entkernt und gehackt
- 2 EL Tomatenmark
- brauner Zucker (nach Geschmack)
- 1 EL frisch gehackte Petersilie
- 1 Prise Cayennepfeffer
- 100 ml Wasser
- 225 g Mais aus der Dose, abgetropft
- 4 große Eier
- Salz und Pfeffer

1. Butter und Öl in einem Topf erhitzen. Zwiebel, Knoblauch und Sellerie darin bei niedriger Temperatur unter gelegentlichem Rühren 5 Minuten weich dünsten. Speck und rote Paprika zufügen und unter gelegentlichem Rühren weitere 10 Minuten dünsten.

2. Tomaten, Tomatenmark, Zucker nach Geschmack, Petersilie, Cayennepfeffer und Wasser einrühren. Mit Salz und Pfeffer abschmecken. Auf mittlere Hitze umschalten und zum Kochen bringen, dann die Temperatur reduzieren und unter gelegentlichem Rühren 15 Minuten köcheln lassen, bis die Sauce eindickt. Inzwischen den Backofen auf 180°C vorheizen.

3. Den Mais in die Sauce rühren und alles in eine ofenfeste Form geben. Mit der Rückseite eines Löffels vier Vertiefungen in die Sauce drücken und in jede ein Ei schlagen.

4. Im vorgeheizten Backofen 25–30 Minuten backen, bis die Eier gestockt sind. Sofort servieren.

SUPER-OMELETTE MIT
CHORIZO, ROTEN ZWIEBELN UND BLAUSCHIMMELKÄSE

SCHWIERIGKEITSGRAD

Zutaten

1 EL Olivenöl
1 EL Butter
200 g Chorizo, gewürfelt
1 große rote Zwiebel, gehackt
5 große Eier, verquirlt
150 g Blauschimmelkäse, zerbröselt
Salz und Pfeffer

1. Den Grill auf hoher Temperatur vorheizen.

2. In einer großen Pfanne Öl und Butter bei mittlerer Temperatur erhitzen. Chorizo und rote Zwiebel darin 8–10 Minuten goldbraun braten.

3. Die Eier zugeben. Mit Salz und Pfeffer würzen. Die Eimasse mit einem Spatel in kreisförmigen Bewegungen vom Pfannenrand wegschieben, bis das Omelett beginnt, fest zu werden. Mit Käse bestreuen und unter dem vorgeheizten Grill 5 Minuten überbacken, bis der Käse goldbraun wird und brodelt.

4. Aus dem Grill nehmen, 5 Minuten abkühlen lassen und servieren.

HUNGRIG? Richtig hungrig? Dann genehmigen Sie sich dazu eine Portion Zweimal frittierte Pommes.

Kapitel 2
REZEPTE GEGEN MÄNNERHUNGER

SPARERIBS MIT CHILI	42
MONSTER-HOTDOGS	44
MIXED GRILL DE LUXE	46
FETTUCCINE ALFREDO	48
VIER-KÄSE-MAKKARONI	50
HACKBRATEN	52
TEXAS LONE STAR CHILI	54

PIZZA FÜR FLEISCHFANS 56
DOPPELDECKER-BURGER 58
CHICKENWRAPS ZUM SATTWERDEN 60
DAS PERFEKTE STEAK 62
CHICKENWINGS MIT SCHARFER SAUCE 64
HÄHNCHEN PIRI-PIRI 66
KOLOSSALE LAMMSPIESSE
MIT SCHARFER CHILISAUCE 68

SPARERIBS MIT CHILI

SCHWIERIGKEITSGRAD

Zutaten

Würzmischung zum Einreiben
2 TL mildes Chilipulver

2 TL geräuchertes Paprikapulver

2 TL edelsüßes Paprikapulver

4 TL getrockneter Oregano

2 TL Zwiebelpulver

2 TL Salz

1,8–2,25 kg Spareribs vom Schwein

Kartoffelpüree zum Servieren

Spitzkohl oder Weißkohl als Beilage

1. Chilipulver, geräuchertes Paprikapulver, edelsüßes Paprikapulver, Oregano, Zwiebelpulver und Salz in einer kleinen Schüssel mischen. Die Rippchen damit rundherum einreiben und 15 Minuten durchziehen lassen.

2. Den Backofen auf 160°C vorheizen. Die Fettpfanne mit Alufolie auslegen. Die Rippchen auf den Gitterrost legen und 1–1½ Stunden im Ofen garen, bis das Fleisch zart ist.

3. Aus dem Ofen nehmen, in Portionen teilen und mit Kartoffelpüree und Kohl servieren.

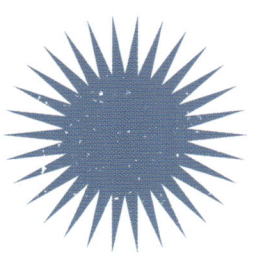

MONSTER-HOTDOGS

SCHWIERIGKEITSGRAD

Zutaten

2 EL Pflanzenöl

2 große Zwiebeln, in Ringe geschnitten

4 Wiener Würstchen

4 Hotdog-Brötchen

Zum Servieren
Cornichons, in Scheiben geschnitten

Senf

süßpikantes Relish

Emmentaler, gerieben

1. Das Öl bei mittlerer Temperatur in einer mittelgroßen Pfanne erhitzen. Die Zwiebeln 20 Minuten dünsten, bis sie weich und goldbraun sind. Aus der Pfanne nehmen und warm halten.

2. Inzwischen die Würstchen in einem Topf mit fast kochendem Wasser erhitzen, dabei aufpassen, dass sie nicht platzen.

3. Die Brötchen aufschneiden, die Würstchen hineinlegen. Mit Zwiebeln, Cornichons, Relish und geriebenem Käse anrichten und sofort servieren.

MIXED GRILL DE LUXE

SCHWIERIGKEITSGRAD

Zutaten

- 1 Rinderfiletsteak (225 g)
- 2 kleine Lammkoteletts
- 2 große Champignons
- 1 große Fleischtomate, halbiert
- 6 EL Pflanzenöl
- 2 Schweinebratwürstchen
- 1 Scheibe Kochschinken (225 g)
- 55 g Chorizo, in Scheiben geschnitten
- 2 Eier
- Salz und Pfeffer
- frisch zubereitete Zweimal frittierte Pommes (siehe Seite 10), zum Servieren

1. Filetsteak, Lammkoteletts, Pilze und Tomate nach Geschmack mit Salz und Pfeffer würzen.

2. In einer großen Pfanne 4 Esslöffel Öl bei hoher Temperatur erhitzen. Wenn das Öl heiß ist, Lammkoteletts und Würstchen hineingeben. Die Koteletts von jeder Seite 2 Minuten scharf anbraten, dann die Temperatur reduzieren und die Koteletts nach Geschmack weitergaren. Die Koteletts aus der Pfanne nehmen und auf einem großen Teller warm halten.

3. Wieder auf hohe Temperatur umschalten. Filetsteak und Kochschinken in die Pfanne geben. Den Schinken von jeder Seite 3–4 Minuten anbraten, das Filetsteak von jeder Seite 2 Minuten braten (siehe Seite 62). Die Würste gelegentlich wenden, damit sie gleichmäßig bräunen.

4. Steak und Kochschinken aus der Pfanne nehmen und mit den Koteletts warm halten. Chorizo, Pilze und Tomate in die Pfanne geben und von jeder Seite 4 Minuten braten. Aus der Pfanne nehmen und mit Koteletts und Steaks warm halten. Die Würste bleiben in der Pfanne.

5. Die restlichen 2 Esslöffel Öl bei mittlerer Temperatur in einer beschichteten Pfanne erhitzen und die Eier darin braten. Mit dem übrigen Fleisch warm halten.

6. Die Würste aus der Pfanne nehmen. Eine aufschneiden, um zu prüfen, ob sie durchgegart ist. Mit Fleisch, Eiern und Pommes servieren.

FETTUCCINE ALFREDO

SCHWIERIGKEITSGRAD

Zutaten

400 g Fettuccine

85 g Butter, gewürfelt

2 Knoblauchzehen, fein gehackt

400 g Sahne

175 g Parmesan, frisch gerieben, plus etwas mehr zum Servieren

Salz und Pfeffer

1. In einem großen Topf reichlich leicht gesalzenes Wasser zum Kochen bringen. Die Nudeln zugeben, erneut zum Kochen bringen und 8–10 Minuten garen, bis sie al dente sind.

2. Inzwischen die Butter bei mittlerer Temperatur in einer großen Pfanne zerlassen. Den Knoblauch zugeben und 1 Minute andünsten, aber nicht bräunen. Die Sahne einrühren und zum Kochen bringen. Die Hälfte des Käses zugeben und rühren, bis er geschmolzen ist. Dann auf niedrigste Stufe umschalten und mit Salz und Pfeffer abschmecken

3. Die Nudeln abgießen, aber nicht abschütteln. Etwas Kochflüssigkeit auffangen. Die heißen Nudeln und den restlichen Käse sofort in die Sauce geben und mit zwei Gabeln gut mischen. Falls die Sauce zu dick ist, die Kochflüssigkeit untermischen.

4. Auf vier vorgewärmte Teller verteilen und sofort servieren. Käse zum Bestreuen dazu reichen.

EXTRA-TIPP

Sie vermissen das Fleisch? Einfach Reste von Brathähnchen (siehe Seite 106) oder Braten in Stücke schneiden und zur Sauce geben.

VIER-KÄSE-MAKKARONI

SCHWIERIGKEITSGRAD

Zutaten

- 85 g Parmesan, frisch gerieben
- 55 g feine trockene Semmelbrösel
- 400 g Makkaroni
- 40 g Butter, plus etwas mehr zum Einfetten
- 40 g Mehl
- 450 ml lauwarme Milch
- frisch geriebene Muskatnuss (nach Geschmack)
- 85 g milder Gorgonzola, fein gehackt
- 85 g Taleggio, gerieben
- 55 g Mozzarella, gewürfelt
- Olivenöl, zum Beträufeln
- Salz und Pfeffer

1. Den Backofen auf 200°C vorheizen. Eine große Auflaufform mit etwas Butter einfetten und beiseitestellen. Ein Drittel des Parmesans mit den Semmelbröseln mischen und beiseitestellen.

2. In einem großen Topf reichlich leicht gesalzenes Wasser zum Kochen bringen. Die Makkaroni zufügen, wieder zum Kochen bringen und 2 Minuten weniger garen, als auf der Packung angegeben ist. Abgießen, mit kaltem Wasser abspülen, abtropfen lassen und beiseitestellen.

3. Inzwischen die Butter in einem Topf bei mittlerer Temperatur zerlassen. Das Mehl einstreuen und 2 Minuten anschwitzen. Den Topf vom Herd nehmen, die Milch zugeben und kräftig rühren, damit sich keine Klümpchen bilden.

4. Den Topf wieder auf den Herd stellen, Muskatnuss, Salz und Pfeffer einrühren. Langsam unter ständigem Rühren zum Kochen bringen, bis die Sauce eindickt. Den restlichen Parmesan, den Gorgonzola und den Taleggio zugeben und rühren, bis der Käse geschmolzen ist. Den Mozzarella einrühren.

5. Die Makkaroni in die Sauce geben und gut mischen. Nochmals abschmecken, dann alles in die vorbereitete Form geben und glatt streichen. Mit den Parmesan-Semmelbröseln bestreuen und mit Öl beträufeln.

6. Die Form auf ein Backblech stellen und die Nudeln im vorgeheizten Backofen 20–25 Minuten überbacken, bis sie goldbraun sind. Einige Minuten abkühlen lassen, dann direkt aus der Form servieren.

HACKBRATEN

SCHWIERIGKEITSGRAD

Zutaten

- 25 g Butter
- 1 EL Olivenöl, plus etwas mehr zum Einpinseln
- 3 Knoblauchzehen, fein gehackt
- 100 g Karotten, fein gehackt
- 55 g Sellerie, fein gehackt
- 1 Zwiebel, fein gehackt
- 1 rote Paprika, entkernt und fein gehackt
- 4 große weiße Champignons, fein gehackt
- 1 TL getrockneter Thymian
- 2 TL fein gehackter frischer Rosmarin
- 1 TL Worcestersauce
- 6 EL Tomatenketchup
- ½ TL Cayennepfeffer
- 1,1 kg Rinderhackfleisch, gekühlt
- 2 Eier, verquirlt
- 55 g frische Semmelbrösel
- 2 EL brauner Zucker
- 1 EL Dijon-Senf
- Salz und Pfeffer

1. Die Butter mit dem Öl und dem Knoblauch in einer großen Pfanne erhitzen. Das Gemüse zugeben und bei mittlerer Temperatur unter häufigem Rühren 10 Minuten dünsten, bis die Flüssigkeit weitgehend verdunstet ist.

2. Vom Herd nehmen. Kräuter, Worcestersauce, 4 Esslöffel Tomatenketchup und Cayennepfeffer einrühren. Abkühlen lassen.

3. Den Backofen auf 160°C vorheizen. Eine Kastenform mit Öl einpinseln.

4. Das Hackfleisch in eine große Schüssel geben und mit den Fingern auflockern. Die Gemüsemischung, Eier sowie Salz und Pfeffer nach Geschmack zugeben und alles sorgfältig verkneten. Die Semmelbrösel unterkneten.

5. Die Masse in die Form geben, die Oberfläche glatt streichen und im vorgeheizten Backofen 30 Minuten backen.

6. Inzwischen für die Glasur den Zucker, die restlichen 2 Esslöffel Tomatenketchup, Senf und 1 Prise Salz verrühren.

7. Den Hackbraten aus dem Ofen nehmen und gleichmäßig mit der Glasur bestreichen. Wieder in den Ofen schieben und weitere 35–45 Minuten backen, bis er durchgegart ist.

8. Aus dem Ofen nehmen und mindestens 15 Minuten ruhen lassen. In dicke Scheiben schneiden und servieren.

TEXAS LONE STAR CHILI

VORB.: 30 Min.
FÜR 4 PERSONEN
GARZEIT: 2¼ Std.

SCHWIERIGKEITSGRAD

Zutaten

2 EL Pflanzenöl

1,3 kg Rindergulasch, in 1-cm-Würfel geschnitten

1 große Zwiebel, gewürfelt

3 Knoblauchzehen, sehr fein gehackt

2 grüne Vogelaugenchilis, entkernt und sehr fein gehackt

2 rote Jalapeño-Chilis, entkernt und sehr fein gehackt

2 EL scharfes Chilipulver (nach Geschmack)

1 EL gemahlener Kreuzkümmel

1 TL getrockneter Oregano

1½ TL Salz

½ TL Pfeffer

¼ TL Cayennepfeffer

700 ml Rinderbrühe

280 g gehackte Tomaten

1 EL Maisgrieß

Wasser nach Bedarf

Zum Garnieren (nach Belieben)
weiße Zwiebelwürfel

frisch gehackter Koriander

1. Das Öl bei hoher Temperatur in einem Bräter erhitzen. Das Fleisch — eventuell portionsweise — darin rundherum scharf anbraten. Auf mittlere Temperatur umschalten, die Zwiebel in den Bräter geben und 5 Minuten braten. Den Knoblauch zufügen und 1 Minute mitbraten.

2. Die restlichen Zutaten mit Ausnahme des Grieß zugeben. Zum Kochen bringen, dann die Temperatur reduzieren und abgedeckt bei niedriger Temperatur unter gelegentlichem Rühren 1 Stunde köcheln lassen. Den Grieß einrühren, wieder abdecken und nochmals 1 Stunde köcheln lassen, bis das Fleisch sehr weich ist. Falls nötig, zwischendurch etwas Wasser zugeben und den Schaum abschöpfen, der sich auf der Oberfläche bildet.

3. Abschmecken und nach Belieben nachwürzen. Das Chili mit Zwiebelwürfeln und Koriander garnieren und sofort servieren.

SCHARF!
Die Menge an frischen Chilis, Jalapeños, Chilipulver und Cayennepfeffer bestimmen Sie selbst. Auch wenn Sie ein scharfer Typ sind, kann es passieren, dass Sie sich bei Chilis mal vergreifen und die Sache zu scharf wird. Was Sie dann tun, steht auf Seite 119 im Tippkasten.

PIZZA FÜR FLEISCHFANS

SCHWIERIGKEITSGRAD

Zutaten

Pizzaboden
400 g Weizenmehl Type 1050, plus etwas mehr zum Bestäuben
1 TL Trockenbackhefe
1 TL Zucker
4 EL Olivenöl
1 TL Salz
250 ml warmes Wasser

Fleischsauce
2 EL Olivenöl
3 Knoblauchzehen, in Scheiben
100 g mageres Rinderhackfleisch
200 ml passierte Tomaten
½ TL getrockneter Oregano
100 ml Wasser
Salz und Pfeffer

Belag
200 g Mozzarella, zerbröselt
4 Scheiben Parmaschinken
4 dünne Scheiben Kochschinken
40 g gewürfelter Speck
100 g Chorizo, in Scheiben
40 g Parmesan, frisch gerieben

1. Mehl, Hefe und Zucker in eine große Schüssel sieben. Mit einem Kochlöffelstiel langsam Olivenöl, Salz und warmes Wasser einrühren. Wenn sich ein klumpiger Teig bildet, alles auf eine bemehlte Arbeitsfläche schütten und 10 Minuten gut durchkneten. Der Teig muss glatt und elastisch sein. In eine saubere Schüssel legen, mit Frischhaltefolie bedecken und an einem warmen Platz 1½ Stunden gehen lassen, bis sich das Volumen verdoppelt hat.

2. Inzwischen in einem mittelgroßen Topf das Olivenöl erhitzen und den Knoblauch kurz darin anbraten. Das Fleisch zugeben und 10 Minuten anbräunen. Passierte Tomaten, Oregano und Wasser zugeben und alles 10 Minuten köcheln lassen, bis die Sauce auf die Hälfte reduziert ist. Mit Salz und Pfeffer abschmecken und beiseitestellen.

3. Den Backofen auf 220°C vorheizen.

4. Den aufgegangenen Teig auf eine bemehlte Oberfläche legen, kurz zusammendrücken und so ausrollen, dass er auf ein rechteckiges Backblech (30 cm x 38 cm) passt. Aufs Blech legen und nötigenfalls bis an die Ränder drücken.

5. Die Fleischsauce auf dem Boden verteilen, aber ringsherum 2,5 cm frei lassen. Mit Mozzarella bestreuen, dann die übrigen Fleischsorten und den Parmesan darauf verteilen.

6. Im vorgeheizten Backofen 10 Minuten backen, bis der Käse goldbraun ist und brodelt. Sofort servieren.

57

DOPPELDECKER-BURGER

SCHWIERIGKEITSGRAD

Zutaten

- 900 g frisches Rinderhackfleisch
- 2 TL Salz
- ½ TL Pfeffer
- Pflanzenöl, zum Braten
- Emmentaler, in 8 Scheiben
- 4 weiche Burger-Brötchen, aufgeschnitten
- Salatblätter
- rote Zwiebelringe
- Cornichons, längs halbiert
- Tomatenscheiben, nach Belieben

1. Das Hackfleisch in einer mittelgroßen Schüssel mit Salz und Pfeffer verkneten. Die Masse in 8 Portionen teilen und daraus flache Burger von höchstens 1 cm Dicke formen, je dünner, desto besser.

2. Eine große Grillpfanne bei mittlerer Temperatur erhitzen. Den Boden mit Öl bedecken. Die Burger darin 4 Minuten braten, ohne sie zu bewegen. Danach sollten sie braun sein und sich leicht vom Pfannenboden lösen. Wenden und die andere Seite 2 Minuten braten, dann auf jeden Burger 1 Scheibe Käse legen und weitere 2 Minuten braten (nach Geschmack auch länger).

3. Auf jedes Brötchen-Unterteil 2 Burger schichten. Salatblätter, Tomatenscheiben, Zwiebelringe und Cornichons darauf verteilen, die Brötchen-Oberseite darauflegen und sofort servieren.

MEHR HUNGER? Doppeldecker? Tun Sie sich keinen Zwang an: Sie können die Brötchen auch mit 3, 4 oder mehr Burgern belegen.

CHICKENWRAPS ZUM SATTWERDEN

VORB.: 20 Min. + Marinieren
FÜR 4 PERSONEN
GARZEIT: 15 Min.

SCHWIERIGKEITSGRAD

Zutaten

- 3 EL Olivenöl, plus etwas mehr zum Beträufeln
- 3 EL Ahornsirup oder Honig
- 1 EL Rotweinessig
- 2 Knoblauchzehen, zerdrückt
- 2 TL getrockneter Oregano
- 1–2 TL getrocknete Chiliflocken
- 4 Hähnchenbrustfilets
- 2 rote Paprika, entkernt und in 2,5 cm breite Streifen geschnitten
- 8 Tortillas, erwärmt
- Salz und Pfeffer

1. Öl, Ahornsirup, Essig, Knoblauch, Oregano, Chiliflocken, Salz und Pfeffer in einer großen, flachen Schüssel verrühren.

2. Das Fleisch quer zur Faserrichtung in 2,5 cm dicke Scheiben schneiden. In die Marinade legen und wenden, bis es rundum bedeckt ist. Abgedeckt 2–3 Stunden in den Kühlschrank stellen, zwischendurch wenden.

3. Eine Grillpfanne bei hoher Temperatur erhitzen. Das Fleisch mit einem Schaumlöffel aus der Marinade nehmen, in die Grillpfanne legen und bei mittlerer bis hoher Temperatur 3–4 Minuten von jeder Seite braten, bis es gar ist. Aus der Pfanne nehmen und auf einer vorgewärmten Platte warm halten. Die Paprika mit der Haut nach unten in die Pfanne geben und von jeder Seite 2 Minuten braten. Auf die Servierplatte legen. Sofort mit den warmen Tortillas servieren. Die Wraps rollt sich jeder Gast selbst.

DAS PERFEKTE STEAK

BLUE Das Steak gemäß Rezept vorbereiten, in die heiße Pfanne legen und von beiden Seiten kurz scharf anbraten. Es soll außen braun, aber innen noch roh sein. Auf Druck gibt es leicht nach, und die Delle bleibt im Fleisch sichtbar.

RARE Das Steak gemäß Rezept vorbereiten, in die heiße Pfanne legen und von beiden Seiten kurz scharf anbraten. Das Steak soll außen braun sein. Innen ist es warm, aber noch rosa. Auf Druck gibt es etwas weniger nach als ein rohes Steak.

Je nach Art und Dicke des Steaks und nach Temperatur der Pfanne können die Garzeiten variieren.

MEDIUM Das Steak gemäß Rezept vorbereiten, in die heiße Pfanne legen und von beiden Seiten scharf braten. Das Fleisch soll innen eher braun sein und nur einen kleinen rosa Kern haben. Bei Druck spürt man Widerstand, die Delle verschwindet schnell wieder.

MEDIUM RARE Das Steak gemäß Rezept vorbereiten, in die heiße Pfanne legen und von beiden Seiten kurz scharf anbraten. Das Steak soll außen braun und innen noch zartrosa sein. Auf Druck bildet sich eine Delle, die sich schnell mit Fleischsaft füllt.

WELL DONE Das Steak gemäß Rezept vorbereiten, in die heiße Pfanne legen und von beiden Seiten scharf braten. Das Fleisch soll auch innen vollkommen braun sein. Auf Druck spürt man deutlichen Widerstand, die Delle verschwindet sofort wieder.

CHICKENWINGS
MIT SCHARFER SAUCE

SCHWIERIGKEITSGRAD

Zutaten

1,8 kg Hähnchenflügel, TK-Ware aufgetaut, mit Küchenpapier abgetupft

1 EL Pflanzenöl

1 EL Mehl

1 TL Salz

150 ml Cayennepfeffer-Sauce

115 g kalte Butter, in 2,5 cm dicke Scheiben geschnitten

1½ EL weißer Essig

¼ TL Worcestersauce

1 TL Tabasco

¼ TL Cayennepfeffer

1 Prise Knoblauchpulver

Salz (nach Geschmack)

Blauschimmelkäse-Dressing, zum Servieren

1. Den Backofen auf 220 °C vorheizen.

2. Ganze Flügel an den Gelenken zerteilen. (Die Spitzen für Brühe verwenden.) Die Stücke in eine große Schüssel geben. Öl, Mehl und Salz zufügen und alles gut mischen, bis die Flügel gleichmäßig umhüllt sind.

3. Zwei Backbleche mit leicht eingeölter Alufolie oder Silikonfolie auslegen. Die Flügel mit ausreichend Abstand auf die Bleche legen. Im vorgeheizten Backofen 25 Minuten garen.

4. Inzwischen alle Zutaten für die Sauce in einem Topf verrühren. Unter ständigem Rühren bei mittlerer Temperatur zum Kochen bringen. Vom Herd nehmen und beiseitestellen. Abschmecken und bei Bedarf nachwürzen.

5. Die Hähnchenflügel aus dem Ofen nehmen, wenden und wieder hineinschieben. Je nach Größe weitere 20–30 Minuten backen, bis sie braun und durchgegart sind. Das Fleisch ist gar, wenn beim Einstechen an der dicksten Stelle klarer Fleischsaft austritt. In eine große Rührschüssel geben.

6. Die warme Sauce über die heißen Wings geben und mit einem Löffel sorgfältig unterheben. 5 Minuten durchziehen lassen, dann nochmals verrühren und mit Blauschimmelkäse-Dressing servieren.

HÄHNCHEN PIRI-PIRI

SCHWIERIGKEITSGRAD

VORB.: 15 Min.
FÜR 4-6 PERSONEN
GARZEIT: 25 Min.

Zutaten

8 Hähnchenschlegel

1½ TL rote Chiliflocken

2 Knoblauchzehen, zerdrückt

1 TL getrockneter Oregano

2 TL geräuchertes Paprikapulver

Saft von ½ Zitrone

Salz und Pfeffer

Zum Servieren
Zitronenspalten

gemischter Blattsalat

Tortillas

1. Den Backofen auf 220°C vorheizen. Das Fleisch an der dicksten Stelle mehrmals tief einschneiden.

2. Chili, Knoblauch, Oregano, Paprikapulver und Zitronensaft in eine große Schüssel geben, mit Salz und Pfeffer würzen und gut verrühren. Das Fleisch zugeben und in der Marinade wenden.

3. Die Schlegel nebeneinander in einen großen, flachen Bräter legen. Im vorgeheizten Backofen 20—25 Minuten braten, dabei gelegentlich wenden. Als Garprobe mit einem Stäbchen an der dicksten Stelle einstechen. Das Fleisch ist gar, wenn der austretende Saft klar ist.

4. Auf Portionstellern mit Zitronenspalten, gemischtem Salat und Tortillas anrichten.

KOLOSSALE LAMMSPIESSE
MIT SCHARFER CHILISAUCE

SCHWIERIGKEITSGRAD

Zutaten

500 g Lammkeule, gewürfelt

2 EL Olivenöl

1 TL getrockneter Thymian

1 TL Paprikapulver

1 TL gemahlener Kreuzkümmel

1 großes dünnes Fladenbrot

1 kleine rote Zwiebel, in Ringe geschnitten

1 Tomate, gehackt

1 kleines Bund frisch gehackter Koriander

½ Zitrone

Salz und Pfeffer

Zum Servieren
thailändische Sriracha-Sauce oder eine andere scharfe Chilisauce

Naturjoghurt

1. In einer mittelgroßen Schüssel das Fleisch mit Olivenöl, Thymian, Gewürzen, Salz und Pfeffer mischen.

2. Eine große Grillpfanne oder einen Holzkohlegrill vorheizen.

3. Die Fleischwürfel auf lange Spieße schieben und in der vorgeheizten Pfanne von jeder Seite 4–5 Minuten (oder nach Geschmack) braten.

4. Eine große Pfanne ohne Fett erhitzen und das Fladenbrot darin kurz von beiden Seiten erwärmen.

5. Das Fleisch von den Spießen nehmen. Auf das Fladenbrot legen, mit Zwiebel, Tomate und Koriander garnieren. Mit Zitronensaft beträufeln und sofort mit Chilisauce und Naturjoghurt servieren.

EXTRA-TIPP
Für diese Spieße können Sie auch anderes Fleisch verwenden. Ebenso gut schmeckt die fleischlose Variante mit würzigen Falafeln.

Kapitel 3
SÜSS MUSS SEIN

SCHOKOMOUSSE MIT CHILI-KICK 72

ANGESCHICKERTER SCHOKO-KÄSEKUCHEN 74

EISTORTE MIT CHOCOLATE CHIPS 76

KOPFSTEINPFLASTER-DONUTS 78

BEI FIGUR BLEIBEN! 80

BANANEN-FRÜHSTÜCKS-SHAKE 81

MEGA-APFELTASCHE 82

SAFTIGER KARAMELLKUCHEN	84
KÜRBISKUCHEN MIT SAURER SAHNE	86
ERDNUSSBUTTER-DOPPELDECKER	88
BIERAMISU	90
PFANNKUCHENTURM	92
RIESEN-BANANEN-SPLIT	94
COOKIE-DOUGH-EISCREME	96
ARME RITTER VOM FEINSTEN	98

SCHOKOMOUSSE MIT CHILI-KICK

SCHWIERIGKEITSGRAD

Zutaten

- 150 g Bitterschokolade (70 % Kakaoanteil), in Stücke gebrochen
- 1 Prise Salz
- 4 große Eier, getrennt
- 55 g Zucker
- 150 g Sahne
- 1 TL Chilipulver
- 2 TL Orangenschale
- 100 g Sauerkirschen
- 100 ml dunkler Rum
- 55 g geröstete Haselnüsse

1. Eine große, hitzebeständige Schüssel über einen Topf mit leicht kochendem Wasser setzen. Die Schokoladenstücke hineingeben und unter gelegentlichem Rühren schmelzen. Vom Herd nehmen und etwas abkühlen lassen.

2. Unter die abgekühlte Schokolade Salz, Eigelb und Zucker rühren.

3. In einer separaten Schüssel die Sahne halbsteif schlagen.

4. In einer fettfreien Schüssel das Eiweiß zu steifem Schnee schlagen.

5. Chilipulver und 1 Teelöffel Orangenschale zur Schokoladenmischung geben, dann die Sahne und danach den Eischnee unterheben. Die Mousse auf vier Portionsgläser verteilen und 2 Stunden in den Kühlschrank stellen.

6. Inzwischen die Sauerkirschen im Rum einlegen und die Haselnüsse grob hacken.

7. Kurz vor dem Servieren die Mousse aus dem Kühlschrank nehmen, rumgetränkte Sauerkirschen und Haselnüsse darauf verteilen und mit der restlichen Orangenschale garnieren.

ANGESCHICKERTER SCHOKO-KÄSEKUCHEN

VORB.: 30 Min. + Kühlen
FÜR 8 PERSONEN
GARZEIT: 10 Min.

SCHWIERIGKEITSGRAD

Zutaten

Pflanzenöl, zum Einfetten
175 g Chocolate-Chip-Kekse
55 g Butter
Crème fraîche und frisches Obst, zum Servieren

Belag
225 g Zartbitterschokolade, in Stücke gebrochen
225 g Vollmilchschokolade, in Stücke gebrochen
55 g Rohrohrzucker
350 g Frischkäse oder Sahnequark
425 g Sahne, halbsteif geschlagen
3 EL irischer Sahnelikör

1. Den Boden einer 20-cm-Springform mit Backpapier auslegen, die Seiten mit Öl einpinseln. Die Kekse in einen Gefrierbeutel legen und mit einer Teigrolle zerkrümeln. Die Butter in einem Topf bei niedriger Temperatur zerlassen. Die Keksekrümel einrühren. Die Masse in die vorbereitete Form pressen und 1 Stunde in den Kühlschrank stellen.

2. Eine große, hitzebeständige Schüssel über einen Topf mit leicht kochendem Wasser setzen. Die Schokoladenstücke hineingeben und unter gelegentlichem Rühren schmelzen. Vom Herd nehmen und etwas abkühlen lassen. Zucker und Frischkäse in einer Schüssel cremig rühren, dann die Sahne unterheben. Die geschmolzene Schokolade unter die Frischkäsemasse heben und den Likör einrühren.

3. Die Mischung in die Backform füllen und glatt streichen. 2 Stunden in den Kühlschrank stellen, bis die Masse fest ist. Auf eine Servierplatte setzen und in Stücke schneiden. Mit Crème fraîche und frischem Obst servieren.

WARUM NICHT?

Dürfen es ein paar Promille mehr sein? Dann servieren Sie dazu ein Glas Sahnelikör oder an kalten Tagen einen Irish Coffee.

EISTORTE MIT CHOCOLATE CHIPS

SCHWIERIGKEITSGRAD

Zutaten

- 175 g weiche Butter, plus etwas mehr zum Einfetten
- 200 g Muskovadozucker
- 100 g Feinstzucker
- 1 Ei
- 1 Eigelb
- 1 TL Vanilleextrakt
- 250 g Mehl
- ½ TL Salz
- ½ TL Natron
- 325 g dunkle Schokolade, in Stücke gebrochen
- 2 l Vanilleeis

1. Butter und Zucker mit der Küchenmaschine bei hoher Stufe aufschlagen, bis sich das Volumen verdoppelt hat. Das dauert etwa 8 Minuten. Etwas langsamer rühren und allmählich Ei, Eigelb und Vanilleextrakt unterrühren. Die Küchenmaschine ausschalten. Mehl, Salz und Natron auf die Masse sieben, dann bei niedriger Geschwindigkeit unterrühren. Die Schokoladenstücke zugeben und kurz untermischen. Den Teig 30 Minuten in den Kühlschrank stellen.

2. Den Backofen auf 180°C vorheizen.

3. Den Teig aus dem Kühlschrank nehmen und in 3 gleiche Portionen teilen.

4. Drei runde Backformen (24 cm) einfetten und mit Backpapier auslegen. Den Teig gleichmäßig und bis an den Rand auf die Böden der Formen verteilen und andrücken.

5. Im vorgeheizten Ofen 15 Minuten backen, eventuell nacheinander, bis der Teig hellgoldbraun ist. Aus dem Ofen nehmen und in den Formen abkühlen lassen.

6. Inzwischen das Vanilleeis aus dem Gefrierschrank nehmen und etwas antauen lassen.

7. 2 Teigböden aus den Formen nehmen. Der dritte bildet den Boden und bleibt in der Form. Vanilleeis auf den Boden geben, 1 Boden darauflegen, wieder Vanilleeis darauffüllen und den letzten — und schönsten — Boden zuoberst legen. Vorsichtig zusammendrücken, um das Eis bis an die Ränder der Form zu verteilen.

8. 4 Stunden ins Gefrierfach stellen. 10 Minuten vor dem Servieren herausnehmen.

KOPFSTEINPFLASTER-DONUTS

VORB.: 40 Min. + Ruhen
ERGIBT 8 STÜCK
GARZEIT: 20 Min.

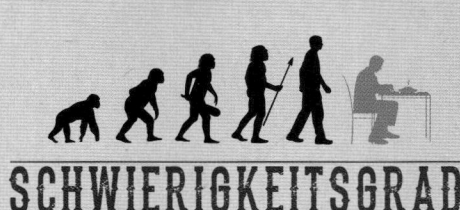

SCHWIERIGKEITSGRAD

Zutaten

- 175 ml Milch
- 40 g Butter
- 280 g Weizenmehl Type 1050, plus etwas mehr zum Bestäuben und Kneten
- 2 EL Kakaopulver
- ¼ TL Salz
- 1½ TL Trockenbackhefe
- 2 EL Zucker
- 1 großes Ei, verquirlt
- Öl, zum Frittieren und Einfetten

Belag
- 115 g Vollmilchschokolade, in Stücke gebrochen
- 40 g Butter
- 3 EL gehackte gemischte Nusskerne
- 40 g Mini-Marshmallows in Rosa und Weiß
- 25 g kandierte Kirschen, gehackt

1. Milch und Butter in einem Topf langsam erhitzen, bis die Butter geschmolzen ist. 5 Minuten abkühlen lassen.

2. Mehl und Kakaopulver in eine Schüssel sieben. Salz, Hefe und Zucker untermischen. Milchbutter und Ei zugeben und alles zu einem weichen Teig verarbeiten. Den Teig auf eine bemehlte Arbeitsfläche stürzen und 5—6 Minuten durchkneten, bis er glatt und geschmeidig ist. Bei Bedarf noch etwas Mehl unterkneten.

3. Den Teig in einer abgedeckten Schüssel 1—1½ Stunden an einem warmen Platz gehen lassen, bis sich das Volumen verdoppelt hat. Ein großes Backblech mit Backpapier auslegen.

4. Den Teig kurz durchkneten und auf einer bemehlten Arbeitsfläche 1½ cm dick ausrollen. Mit einer Donutform (9 cm) 6 Donuts ausstechen. Die Teigreste kurz zusammenkneten, nochmals ausrollen und 2 weitere Donuts ausstechen. Alle auf das vorbereitete Backblech legen. Mit eingeölter Frischhaltefolie abdecken und an einem warmen Platz 10 Minuten gehen lassen.

5. Reichlich Öl zum Frittieren in einem großen Topf oder einer Fritteuse auf 180—190°C erhitzen oder bis ein Brotwürfel darin in 30 Sekunden braun wird. Die Donuts portionsweise in dem heißen Öl von jeder Seite 1—2 Minuten frittieren, bis sie goldbraun sind. Mit einem Schaumlöffel herausnehmen und auf Küchenpapier abtropfen lassen. Abkühlen lassen.

6. Eine große, hitzebeständige Schüssel auf einen Topf mit köchelndem Wasser stellen. Schokolade und Butter in die Schüssel geben und schmelzen. Glatt rühren, dann 5 Minuten abkühlen lassen. Jeden Donut in die Schokoladenglasur tauchen, danach auf ein Kuchengitter legen. Mit Nüssen, Marshmallows und kandierten Kirschen garnieren und mit der restlichen Schokoladenglasur beträufeln. Fest werden lassen.

BEI FIGUR BLEIBEN!

Essen für Männer hat unübersehbare Vorteile. Die Portionen haben eine ordentliche Größe, das Kochen macht zufrieden, es schmeckt gut, riecht gut, sieht gut aus …

Aber wenn wir ehrlich sind, haben all diese kohlenhydratbetonten Gerichte und proteinreichen Mammut-Fleischportionen auch einen kleinen Nachteil. Man könnte sagen, dass eine solche Ernährung etwas an regelmäßiger Bewegung erfordert, damit die Proportionen nicht aus dem Ruder laufen.

Tja, und was spricht dagegen? Es hat noch niemandem geschadet, ab und zu ins Schwitzen zu kommen. Das heißt ja nicht, Rudermaschinen und Hantelbänke gleich zu heiraten. Ein vernünftiges Maß an Bewegung ist ein guter Ausgleich für jeden Mann, der isst wie ein Mann, und eine Nebenwirkung besteht darin, dass die Ernährung ausreichend Treibstoff für die Bewegung liefert und den Muskelaufbau fördert.

Wer fit bleiben will, muss keinen Vertrag im Fitnessstudio abschließen. Es genügt auch, sich sonntags mit den Jungs zum Fußball zu treffen. Wenn sich nicht genügend Kickerfreunde finden, sind eine oder zwei Stunden Zwei-Mann-Basketball pro Woche eine Alternative. Einsame Wölfe können laufen, schwimmen oder radeln, um das Herz-Kreislauf-System fit zu halten. Auch hier geht es nicht um Spitzenleistungen. Es reicht vollkommen, sich ein paarmal pro Woche eine halbe Stunde Laufschuhe, Badehose oder Fahrrad zu schnappen.

Darf es etwas mehr sein? Dann können Sie die folgenden Übungen probieren — ganz bequem zu Hause.

Liegestütz: Trainiert alle großen Muskelgruppen. Zuerst stehend an der Wand üben, dann kniend und zuletzt auf die klassische Weise (wenn Sie es schaffen).

Ausfallschritte: Prima für Oberschenkel und Gesäßmuskel. Rücken gerade, Füße zusammen. Einen großen Schritt nach vorn machen, vorderes Bein im Winkel von 90° beugen. Mit dem anderen Bein wiederholen.

Squats: Gut für den Bauch. Knie langsam beugen, als ob Sie sich auf einen Stuhl setzen wollten. Rücken gerade halten. Position eine Sekunde halten, dann die Beine langsam wieder strecken.

Crunches: Noch eine Übung für den Bauch. Flach auf den Rücken legen, Knie beugen, Füße stehen auf dem Boden. Hände hinter dem Kopf falten. Den Kopf langsam heben, bis sich die Schultern vom Boden lösen. Kurz halten, dann wieder ablegen.

Und danach? Einen leckeren Protein-Shake anrühren und ganz ohne schlechtes Gewissen die nächste Mahlzeit planen.

BANANEN-FRÜHSTÜCKS-SHAKE

Zutaten
2 große reife Bananen
2 EL Haferkleie
2 EL Honig
1 EL Zitronensaft
300 ml Sojamilch
gemahlener Zimt, zum Bestreuen

1. Die Bananen schälen und in Stücke schneiden. Mit Haferkleie, Honig und Zitronensaft in einen Mixbecher geben. Die Sojamilch zugießen.

2. Alles mit einem Stabmixer gut durchmixen, bis der Shake cremig ist und Blasen wirft. Sie können auch einen Standmixer verwenden.

3. In hohe Gläser füllen, mit Zimt bestreuen und sofort servieren.

MEGA-APFELTASCHE

SCHWIERIGKEITSGRAD

Zutaten

1,3 kg Kochäpfel, geschält, entkernt und gehackt

55 g Butter, plus etwas mehr zum Einfetten

100 g Rohrzucker

100 g Sultaninen

1½ EL Speisestärke, mit 2 EL Wasser angerührt

1 kg Blätterteig (Fertigprodukt)

Mehl, zum Bestäuben

1 Ei, verquirlt mit 1 EL Wasser

2 EL Demerara-Zucker

1. Ein großes Backblech einfetten und beiseitestellen. Äpfel, Butter, Rohrzucker und Sultaninen in einen großen Topf geben und bei niedriger Temperatur unter gelegentlichem Rühren erhitzen, bis Butter und Zucker geschmolzen sind. Abgedeckt 10–15 Minuten köcheln lassen, bis die Äpfel weich sind.

2. Die angerührte Speisestärke zu den Äpfeln geben und weitere 5 Minuten unter ständigem Rühren köcheln lassen, bis die Mischung eindickt. Vom Herd nehmen und abkühlen lassen.

3. Die Hälfte des Teigs auf einer leicht bemehlten Arbeitsfläche 8 mm dick ausrollen. Ein großes Dreieck daraus zuschneiden (kurzer Schenkel 33 cm, langer Schenkel 40 cm). Etwas kaltes Wasser auf das vorbereitete Backblech sprenkeln und das Teigdreieck darauflegen. Den Backofen auf 220 °C vorheizen.

4. Die Apfelmischung auf den Teig füllen, aber ringsherum einen 3 cm breiten Rand frei lassen. Den Rand mit kaltem Wasser einpinseln.

5. Den restlichen Teig zu einem etwas größeren Dreieck ausrollen und über die Füllung legen. Die Teigränder fest zusammendrücken, mit einem scharfen Messer gerade schneiden und nochmals mit den Fingerspitzen zusammendrücken. Die Teigoberfläche mit verquirltem Ei einpinseln und mit dem Demerara-Zucker bestreuen. Drei kleine Löcher in den Teig stechen, damit der Dampf entweichen kann.

6. Die Apfeltasche im vorgeheizten Ofen 35–45 Minuten backen, bis der Teig aufgegangen und goldbraun ist. Falls der Teig zu dunkel wird, locker mit Alufolie abdecken. Warm oder kalt servieren.

SAFTIGER KARAMELLKUCHEN

SCHWIERIGKEITSGRAD

VORB.: 40 Min. — FÜR 4 PERSONEN — GARZEIT: 35–40 Min.

Zutaten

- 75 g Sultaninen
- 150 g entsteinte Datteln, gehackt
- 1 TL Natron
- 25 g Butter, plus etwas mehr zum Einfetten
- 200 g Rohrzucker
- 2 Eier
- 200 g Mehl
- 2 TL Backpulver

Karamellsauce
- 25 g Butter
- 175 g Sahne
- 200 g Rohrzucker
- Zesten von 1 Orange, zum Garnieren
- frische Schlagsahne, zum Servieren (nach Belieben)

1. Sultaninen, Datteln und Natron in eine hitzebeständige Schüssel geben, mit kochendem Wasser begießen und quellen lassen.

2. Den Backofen auf 180 °C vorheizen. Eine runde Backform (20 cm) einfetten.

3. Die Butter in einer separaten Schüssel mit dem Zucker verrühren. Die Eier unterrühren, dann das Mehl mit Backpulver unterheben. Die Früchte abgießen und unter den Teig mischen. Den Teig in die Form füllen und gleichmäßig verteilen.

4. Im vorgeheizten Ofen 35–40 Minuten backen. Der Kuchen ist gar, wenn an einem in die Mitte eingestochenen Holzstäbchen kein Teig hängen bleibt.

5. 5 Minuten vor Ende der Backzeit die Sauce zubereiten. Die Butter bei mittlerer Temperatur in einem Topf zerlassen. Sahne und Zucker einrühren und unter ständigem Rühren zum Kochen bringen. Auf niedriger Temperatur 5 Minuten köcheln lassen.

6. Den Kuchen auf eine Servierplatte stürzen und mit der Sauce übergießen. Mit Orangenzesten garnieren und nach Belieben mit Schlagsahne servieren.

KÜRBISKUCHEN MIT SAURER SAHNE

VORB.: 30 Min. + Kühlen
FÜR 4 PERSONEN
GARZEIT: 1 Std.

SCHWIERIGKEITSGRAD

Zutaten

Teig
150 g Mehl, plus etwas mehr zum Bestäuben
¼ TL Salz
75 g Pflanzenfett, gewürfelt
4–5 EL Eiswasser

Kürbisfüllung
150 g Feinstzucker
55 g Rohrzucker
½ TL gemahlener Zimt
½ TL gemahlene Muskatnuss
¼ TL gemahlener Ingwer
1 große Prise Salz
900 g Kürbis (Butternut oder Hokkaido), geschält, entkernt, gegart und püriert (ca. 450 g Püree)
225 g saure Sahne
3 Eier, getrennt
Schlagsahne, zum Servieren

1. Mehl, Salz und Pflanzenfett in einer Schüssel mit einem Messer hacken, bis eine feinkrümelige Mischung entstanden ist.

2. Esslöffelweise mit Eiswasser beträufeln und dabei mit einer Gabel rühren, bis die Trockenzutaten befeuchtet sind. Den Teig zur Kugel formen und abgedeckt mindestens 1 Stunde in den Kühlschrank stellen.

3. Den Backofen auf 200 °C vorheizen. Den Teig auf einer leicht bemehlten Arbeitsfläche 8 mm dick ausrollen. Eine runde Backform (24 cm Durchmesser) mit dem Teig auslegen. Den Teig gut andrücken und die Ränder gerade abschneiden.

4. Feinstzucker, Rohrzucker, Zimt, Muskatnuss, Ingwer und Salz in einer großen Schüssel gut vermischen, Kürbispüree und saure Sahne zufügen und gut verrühren.

5. Das Eigelb cremig rühren und unter die Kürbismasse rühren. Das Eiweiß mit dem Mixer bei mittlerer Geschwindigkeit steif schlagen. Den Eischnee unter die Kürbismasse heben.

6. Die Füllung auf den Teigboden geben. Im vorgeheizten Backofen 10 Minuten backen, dann die Temperatur auf 180 °C reduzieren und 45–50 Minuten backen, bis die Masse fest ist.

DER BRINGT'S

Der Kuchen macht optisch nicht viel her, schmeckt aber umso besser. Vor allem mit reichlich Schlagsahne.

ERDNUSSBUTTER-DOPPELDECKER

VORB.: 5 Min.
FÜR 1-2 PERSONEN
GARZEIT: 2 Min.

SCHWIERIGKEITSGRAD

Zutaten

115 g cremige Erdnussbutter

6 Butterkekse (einfach oder Vollkorn)

85 g Zartbitterschokolade, in Stücke gebrochen

1. Den Backofengrill auf hoher Temperatur vorheizen. Die Kekse von einer Seite mit Erdnussbutter bestreichen.

2. Die Schokoladenstücke auf 3 der bestrichenen Kekse legen und die übrigen 3 Kekse mit der Erdnussbutterseite nach unten darauflegen und zu einem Türmchen aufschichten.

3. Die Doppeldecker-Kekse unter dem vorgeheizten Grill 1 Minute erhitzen, bis die Füllung zu schmelzen beginnt. Etwas abkühlen lassen und servieren.

EXTRA-TIPP

Eine Schicht mehr? Probieren Sie geröstete Marshmallows! Und wenn der Süßhunger übergroß ist, servieren Sie dazu Schlagsahne oder Vanilleeis.

BIERAMISU

SCHWIERIGKEITSGRAD

Zutaten

- 750 g Mascarpone
- 600 g Sahne
- 300 g Zucker
- 450 ml dunkles Bier
- 1 EL Vanilleextrakt
- 50 Löffelbiskuits
- 2 doppelte Espresso
- 400 ml Irish Cream
- Kakaopulver, zum Bestäuben

1. In einer großen Schüssel Mascarpone, Sahne und Zucker verrühren. Langsam Bier und Vanilleextrakt zugeben und alles zu einer dickcremigen Masse verrühren.

2. Die Löffelbiskuits in eine mittelgroße Schüssel geben, mit Espresso und Irish Cream übergießen und 10 Sekunden einweichen. Die weichen Löffelbiskuits mit einem Löffel zerdrücken.

3. In eine 4-Liter-Form abwechselnd je 3 Schichten Mascarponecreme und zerdrückte Löffelbiskuits geben. Mit einer Schicht Mascarponecreme abschließen.

4. Mindestens 3 Stunden in den Kühlschrank stellen.

5. Kurz vor dem Servieren aus dem Kühlschrank nehmen und mit Kakaopulver bestäuben.

PFANNKUCHENTURM

VORB.: 40 Min.
FÜR 6 PERSONEN
GARZEIT: 1–1½ Std.

SCHWIERIGKEITSGRAD

Zutaten

1,4 kg Mehl
6 EL Backpulver
½ TL Salz
85 g Zucker
12 große Eier
etwa 2 l Milch
140 g Butter, zerlassen und etwas abgekühlt, plus Butter zum Braten

Zum Servieren
600 ml Ahornsirup
frisches Obst

1. Jeweils die Hälfte von Mehl, Backpulver und Salz in eine große Schüssel sieben. Die Hälfte des Zuckers zugeben und eine Vertiefung in die Mitte drücken. 6 Eier in einen Messbecher schlagen, verquirlen und in die Vertiefung gießen. Die Eier mit einem Schneebesen unter die trockenen Zutaten rühren.

2. Allmählich 850 ml Milch zugießen. Weiterschlagen, mehr Milch zugießen und das Mehl von den Schüsselrändern zur Mitte ziehen. Wenn ein glatter, dickflüssiger Teig entstanden ist, die Hälfte der zerlassenen Butter unterrühren.

3. Aus der zweiten Hälfte der Zutaten ebenso eine zweite Schüssel Teig anrühren. Beide abdecken und den Teig 30 Minuten quellen lassen. Den Backofen auf 140°C vorheizen. Zwei große Backbleche mit Backpapier belegen und beiseitestellen.

4. Etwas Butter in einer großen beschichteten Pfanne oder Crêpe-Pfanne erhitzen, bis sie schäumt. Eine Kelle voll Teig in die Pfanne geben und durch Schwenken verteilen. Bei mittlerer Temperatur braten, bis an der Oberfläche Blasen erscheinen. Den Pfannkuchen mit einem Palettenmesser wenden und von der anderen Seite 1 Minute braten. Aus der Pfanne nehmen und auf eins der vorbereiteten Backbleche legen. Im Backofen warm halten.

5. Den restlichen Teig ebenso verarbeiten. Er ergibt etwa 36 Pfannkuchen. Die Pfannkuchen aufeinanderstapeln und im Ofen warm halten. Wenn der Teig zu dick wird, etwas Milch unterrühren.

6. Die heißen Pfannkuchen auf eine große, vorgewärmte Servierplatte stapeln, mit etwas Ahornsirup begießen und mit frischem Obst anrichten. Den restlichen Ahornsirup separat dazu reichen.

RIESEN-BANANEN-SPLIT

SCHWIERIGKEITSGRAD

Zutaten

1 große Banane

500 ml Schokoladeneis

250 ml Mascarpone oder Streichrahm

100 ml Karamellsauce

55 g Pekannüsse, zerdrückt

55 g Maraschinokirschen oder kandierte Kirschen

1. Die Banane schälen, längs halbieren und auf einen länglichen Teller legen.

2. 3 große Kugeln Schokoladeneis und 3 Löffel Mascarpone daraufsetzen.

3. Mit Karamellsauce beträufeln und mit zerdrückten Nüssen bestreuen. Mit Maraschinokirschen garnieren und sofort servieren.

MEHR HUNGER? Wenn das noch nicht genug ist, geben Sie noch Cookie-Dough-Eiscreme (siehe Seite 96) und die doppelte Menge Karamellsauce dazu.

COOKIE-DOUGH-EISCREME

VORB.: 15 Min. + Tiefkühlen
FÜR 1-2 PERSONEN
GARZEIT: 20 Min.

SCHWIERIGKEITSGRAD

Zutaten

Cookie Dough
100 g weiche Butter

100 g Rohrzucker

1½ TL Vanilleextrakt

175 g Mehl

100 g dunkle Schokoladentröpfchen

Eiscreme
450 ml Vollmilch

12 Eigelb

1½ TL Vanilleextrakt

300 g Zucker

450 g Sahne

1. Butter und Zucker mit dem Mixer schaumig rühren. Vanilleextrakt und Mehl zugeben und kurz durchrühren. Die Masse auf eine saubere Arbeitsfläche stürzen und die Schokoladentröpfchen von Hand unterkneten. In Frischhaltefolie wickeln und 30 Minuten in den Kühlschrank stellen.

2. Inzwischen langsam die Milch in einem Topf mit dickem Boden erhitzen.

3. In einer mittelgroßen, hitzebeständigen Schüssel Eigelb, Vanilleextrakt und Zucker aufschlagen.

4. Wenn die Milch zu kochen beginnt, vom Herd nehmen und langsam unter ständigem Rühren die Eigelbmischung zugießen. Die Mischung in einen sauberen Topf füllen und langsam unter ständigem Rühren erhitzen, bis sie eindickt. Nicht kochen lassen! Sahne zufügen und abkühlen lassen, dann in eine Eismaschine füllen.

5. Beim Gefrieren der Eismasse die Anweisungen des Geräteherstellers beachten.

6. Inzwischen den Teig aus dem Kühlschrank nehmen und in walnussgroße Stücke teilen.

7. Die Teigstücke zum halb gefrorenen Eis geben und kurz untermischen, ohne die Stücke zu stark zu zerkleinern.

8. Die Mischung in eine Gefrierdose füllen und 1 Stunde oder bis zum Verzehr einfrieren.

ARME RITTER
VOM FEINSTEN

SCHWIERIGKEITSGRAD

Zutaten

1 großer Hefestuten oder Hefezopf

200 g weiche Butter

150 g Bitterschokolade (70 % Kakaoanteil), in große Stücke gebrochen

100 g getrocknete Feigen, gehackt

4 große Eier

600 ml Vollmilch

150 g Zucker

1 TL Vanilleextrakt

flüssige Sahne, zum Servieren

1. Den Backofen auf 160°C vorheizen.

2. Eine Kastenform (2 l) mit Backpapier auslegen.

3. Den Stuten in Scheiben schneiden. Jede Scheibe mit Butter bestreichen und mit Schokolade und gehackten Feigen bestreuen. Die Scheiben dachziegelartig in die vorbereitete Form legen.

4. In einer mittelgroßen Schüssel Eier, Milch, Zucker und Vanilleextrakt verrühren. Die Mischung über den Brotscheiben gießen und 5 Minuten einweichen lassen.

5. Im vorgeheizten Backofen 35–40 Minuten backen, bis die Kruste goldbraun und die Flüssigkeit aufgesogen ist. Aus dem Ofen nehmen und 10 Minuten abkühlen lassen, dann mit Sahne servieren.

Kapitel 4
EINDRUCK SCHINDEN

PUTENSCHNITZEL MIT KARTOFFEL-WEDGES **102**

CHICKEN JALFREZI **104**

BRATHÄHNCHEN **106**

TANDOORI-HÄHNCHEN **108**

RINDERSTEAKS IN ROTWEIN **110**

SPAGHETTI MIT FLEISCHKLÖSSCHEN **112**

HOHE RIPPE MIT MEERRETTICHSAUCE ... 114

SURF & TURF DER SPITZENKLASSE ... 116

BEWEISEN SIE ES ALLEN! ... 118

LAMMKARREE ... 120

FISCH IM BIERTEIG & CHIPS ... 122

PAELLA ... 124

FEINER MUSCHELTOPF ... 126

PUTENSCHNITZEL MIT KARTOFFEL-WEDGES

SCHWIERIGKEITSGRAD

Zutaten

- 4 Kartoffeln mit Schale
- 2 EL Olivenöl, plus etwas mehr zum Braten
- 1 EL getrockneter Salbei
- 55 g frisch geriebene Semmelbrösel
- 40 g Parmesan, fein gerieben
- 4 dünne Putenschnitzel
- 1 Ei, verquirlt
- Salz und Pfeffer
- Zitronenspalten, zum Servieren

1. Den Backofen auf 220°C vorheizen. Jede Kartoffel in 8 Spalten schneiden.

2. Die Kartoffel-Wedges in eine Schüssel geben. Öl, 1 Teelöffel Salbei, Salz und Pfeffer zugeben und gut mischen, bis die Kartoffeln ganz von Öl umhüllt sind.

3. Die Kartoffeln in einer Lage auf einem Backblech verteilen und 25 Minuten backen, bis sie gar und goldbraun sind.

4. Inzwischen Semmelbrösel, Käse, restlichen Salbei, Salz und Pfeffer mischen.

5. Die Putenschnitzel im verquirlten Ei wenden, dann beide Seiten in die Bröselmischung drücken.

6. In einer Pfanne Öl bei relativ hoher Temperatur erhitzen. Die Schnitzel hineinlegen und 4–5 Minuten braten, bis sie gar und goldbraun sind. Zwischendurch einmal wenden. Sofort mit den Kartoffel-Wedges und Zitronenspalten servieren.

CHICKEN JALFREZI

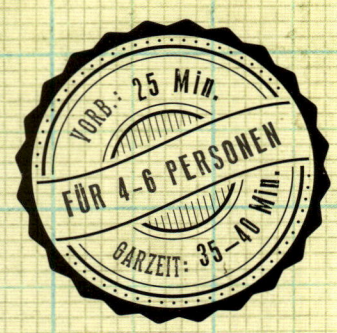

SCHWIERIGKEITSGRAD

Zutaten

- 55 g Ghee oder Butterschmalz, alternativ 4 EL Pflanzenöl oder Erdnussöl
- 8 Hähnchenscheiben ohne Haut und Knochen, in Scheiben geschnitten
- 1 große Zwiebel, gehackt
- 2 EL Knoblauchpaste
- 2 EL Ingwerpaste
- 2 grüne Paprika, entkernt und gewürfelt
- 1 große, frische grüne Chili, entkernt und fein gehackt
- 1 TL gemahlener Kreuzkümmel
- 1 TL gemahlener Koriander
- ¼–½ TL Chilipulver
- ½ TL gemahlene Kurkuma
- ¼ TL Salz
- 400 g gehackte Tomaten aus der Dose
- 125 ml Wasser
- frisch gehackter Koriander, zum Garnieren
- frisch gekochter Reis, zum Servieren

1. Die Hälfte des Ghee in einem Kadhai, einem Wok oder einer großen Pfanne bei mittlerer bis hoher Temperatur erhitzen. Die Fleischstücke darin unter häufigem Rühren 5 Minuten anbräunen. Sie müssen nicht gar sein. Mit einem Schaumlöffel aus der Pfanne nehmen und beiseitestellen.

2. Das restliche Ghee in der Pfanne zerlassen. Die Zwiebel darin unter häufigem Rühren 5–8 Minuten goldbraun braten. Knoblauch und Ingwerpaste zugeben und unter häufigem Rühren 2 Minuten mitbraten.

3. Die Paprika zugeben und 2 Minuten rührbraten.

4. Chili, Kreuzkümmel, Koriander, Chilipulver, Kurkuma und Salz zugeben. Die Tomaten samt Saft sowie das Wasser zufügen und alles zum Kochen bringen.

5. Die Temperatur reduzieren, das Fleisch zufügen und ohne Deckel 10 Minuten unter häufigem Rühren köcheln lassen, bis Paprika und Fleisch gar sind. Mit dem Koriander garnieren und sofort mit frisch gekochtem Reis servieren.

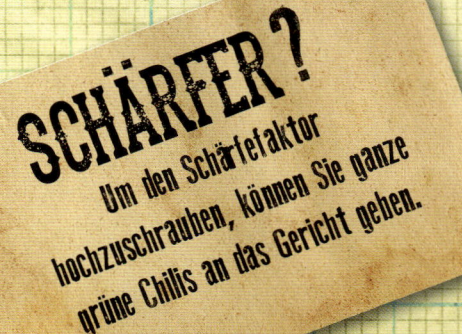

SCHÄRFER? Um den Schärfefaktor hochzuschrauben, können Sie ganze grüne Chilis an das Gericht geben.

105

BRATHÄHNCHEN

SCHWIERIGKEITSGRAD

Zutaten

1 große Poularde (2,25 kg)

55 g weiche Butter

2 EL frisch gehackter Zitronenthymian, plus etwas mehr zum Garnieren

1 Zitrone, geviertelt

125 ml Weißwein, bei Bedarf etwas mehr

Salz und Pfeffer

1. Den Backofen auf 220 °C vorheizen. Die Poularde in einen Bräter legen.

2. Die Butter in einer Schüssel mit dem gehackten Thymian verrühren. Kräftig mit Salz und Pfeffer würzen. Die Poularde innen und außen mit der Kräuterbutter bestreichen. Die Zitronenviertel in die Bauchhöhle schieben. Die Poularde mit dem Wein übergießen.

3. Den Bräter auf der mittleren Schiene in den Ofen schieben und die Poularde 15 Minuten braten. Die Temperatur auf 190 °C reduzieren und das Fleisch weitere 1¾ Stunden braten, dabei häufig mit dem Sud begießen. Wenn die Haut zu dunkel wird, locker mit Alufolie abdecken. Falls die Flüssigkeit verdampft, etwas mehr Wein oder Wasser zugeben.

4. Zur Garprobe das Fleisch an der dicksten Stelle einstechen. Es ist gar, wenn klarer Fleischsaft austritt. Aus dem Ofen nehmen.

5. Die Poularde aus dem Bräter nehmen und auf eine vorgewärmte Servierplatte legen. Mit Alufolie abdecken und vor dem Tranchieren 10 Minuten ruhen lassen.

6. Den Bräter auf eine Kochplatte stellen und den Garsud bei niedriger Temperatur einkochen, bis er eindickt und glänzt. Mit Salz und Pfeffer abschmecken. Die Poularde mit Thymian garnieren und mit dem Garsud servieren.

TANDOORI-HÄHNCHEN

VORB.: 35 Min. + Marinieren
FÜR 4 PERSONEN
GARZEIT: 55 Min.

SCHWIERIGKEITSGRAD

Zutaten

1 Poularde (1,5 kg)
2 TL Garam Masala
300 g Naturjoghurt
1 Zwiebel, fein gehackt
2 Knoblauchzehen, zerdrückt
2,5-cm-Stück frischer Ingwer, geschält und gerieben
Saft von 1 Zitrone
2 EL Tomatenmark
1 TL Chilipulver
1 TL gemahlener Kreuzkümmel
1 TL gemahlene Kurkuma
1 EL Paprikapulver
1 TL Salz

Zum Servieren
Basmatireis
Naan-Fladenbrot
Limettenspalten
scharfes Lime Pickle

1. Ober- und Unterkeulen je zweimal bis zum Knochen einschneiden. Den fleischigsten Teil der Brust zweimal einschneiden, jedoch nicht so tief. So kann die Marinade besser ins Fleisch einziehen.

2. Alle weiteren Zutaten im Mixer zu einer glatten Paste verarbeiten. Die Poularde in eine große ofenfeste Form (kein Metall) legen und die Marinade gut in Haut und Fleisch einreiben. Die Form ohne Deckel in den Kühlschrank stellen und möglichst lange marinieren — im Idealfall 24 Stunden.

3. Die Poularde 1 Stunde vor der Zubereitung aus dem Kühlschrank nehmen, damit sie Zimmertemperatur annimmt. Den Backofen auf 220°C vorheizen. Die Poularde in den Ofen schieben und ohne Deckel 20 Minuten garen. Dann die Temperatur auf 180°C reduzieren. Das Fleisch mit dem Garsud begießen und weitere 35 Minuten garen. Das Fleisch ist gar, wenn beim Einstechen an der dicksten Stelle klarer Saft austritt. Den Ofen abschalten, die Tür öffnen und die Poularde im Ofen 20 Minuten ruhen lassen. Mit Reis, Fladenbrot, Limettenspalten und Lime Pickle servieren.

RINDERSTEAKS IN ROTWEIN

SCHWIERIGKEITSGRAD

Zutaten

4 Steaks vom Rinderhals,
2,5 cm dick (à 350 g)

Marinade
4 EL Olivenöl

100 ml Rotwein

1 kleines Bund frischer Thymian
(nur die Blättchen)

1 kleines Bund frischer Rosmarin
(nur die Blätter)

2 Knoblauchzehen, zerdrückt

1 EL Dijon-Senf

1 TL Salz

1 TL Pfeffer

1. Alle Zutaten für die Marinade in einer flachen Schüssel aus Glas oder Porzellan verrühren. Die Schüssel muss so groß sein, dass die Steaks darin nebeneinander Platz finden.

2. Die Steaks mehrmals in der Marinade wenden, abdecken und mindestens 4 Stunden (besser 12 Stunden) im Kühlschrank marinieren. Nach der Hälfte der Zeit einmal wenden.

3. 1 Stunde vor der Zubereitung aus dem Kühlschrank nehmen, damit das Fleisch Zimmertemperatur annimmt. Die Marinade wegschütten.

4. Eine Grillpfanne bei hoher Temperatur erhitzen und die Steaks darin von jeder Seite 5 Minuten medium rare braten (oder bis der gewünschte Gargrad erreicht ist – siehe Seite 62). Falls nötig, die Steaks portionsweise braten. Vor dem Servieren 5 Minuten ruhen lassen.

EXTRA-TIPP
Die Steaks bieten sich als Alternative zu anderem Fleisch für Mixed Grill (siehe Seite 46) oder Surf & Turf (siehe Seite 116) an.

SPAGHETTI MIT FLEISCHKLÖSSCHEN

VORB.: 30 Min.
FÜR 2 PERSONEN
GARZEIT: 1½ Std.

SCHWIERIGKEITSGRAD

Zutaten

- 2 EL Olivenöl, plus etwas mehr zum Einpinseln
- 1 Zwiebel, fein gehackt
- 4 Knoblauchzehen, fein gehackt
- ½ TL getrocknete italienische Kräutermischung
- ½ Ciabatta vom Vortag, ohne Rinde
- 4 EL Milch
- 900 g Rinderhackfleisch, gut gekühlt
- 2 große Eier, leicht verquirlt
- 5 EL frisch gehackte glatte Petersilie
- 55 g Parmesan frisch gerieben, plus etwas mehr, zum Servieren
- 1,5 l Fertig-Tomatensauce
- 450 g dicke Spaghetti
- Salz und Pfeffer

1. Das Olivenöl in einem Topf erhitzen. Zwiebel, Knoblauch und 1 Prise Salz zugeben und abgedeckt bei niedriger bis mittlerer Temperatur 6–7 Minuten goldbraun dünsten. Den Topf vom Herd nehmen, die getrockneten Kräuter einrühren und alles auf Zimmertemperatur abkühlen lassen.

2. Das Brot in kleine Stücke zupfen und im Mixer — je nach Gerätegröße eventuell in Portionen — zerkleinern. Sie brauchen 140 g Semmelbrösel. Die Brösel in einer Schüssel mit der Milch 10 Minuten einweichen.

3. Den Backofen auf 220°C vorheizen. Ein Backblech mit Öl einpinseln.

4. Hackfleisch, Eier, Petersilie, Käse, Semmelbrösel, abgekühlte Zwiebelmischung, 2 Teelöffel Salz und 1 Teelöffel Pfeffer in einer Schüssel mit den Händen gut verkneten.

5. Mit feuchten Händen aus der Masse Klößchen in Golfballgröße rollen, auf das vorbereitete Backblech legen und im vorgeheizten Backofen 20 Minuten garen. Inzwischen die Nudelsauce in einen Topf gießen, 225 ml Wasser zufügen und bis an den Siedepunkt erhitzen. Die gegarten Fleischklößchen aus dem Ofen nehmen, in die Sauce legen und alles auf niedrigster Temperatur 45 Minuten leicht köcheln lassen.

6. In einem großen Topf reichlich leicht gesalzenes Wasser zum Kochen bringen. Die Spaghetti zugeben, herunterdrücken und umrühren, sobald sie weich werden. Wieder zum Kochen bringen und die Spaghetti nach Packungsangabe al dente kochen.

7. Die Spaghetti in einem Durchschlag abtropfen lassen, dann in eine große Servierschüssel geben. Etwas Sauce von den Fleischklößchen zugeben und gut mischen. Die Fleischklößchen mit der restlichen Sauce daraufgeben, mit dem Käse bestreuen und sofort servieren.

HOHE RIPPE MIT MEERRETTICHSAUCE

SCHWIERIGKEITSGRAD

Zutaten

4 kg hohe Rippe, sichtbares Fett entfernt, evtl. gebunden

2½ EL weiche Butter (oder ½ EL pro Rippe)

Salz und Pfeffer

Meerrettichsauce
6 EL Meerrettich

6 EL saure Sahne

1. Für die Sauce Meerrettich und saure Sahne in einer kleinen Schüssel verrühren. Mit Frischhaltefolie abdecken und in den Kühlschrank stellen.

2. Das Fleisch in einen großen Bräter setzen. Rundherum großzügig mit Butter bestreichen und kräftig mit Salz und Pfeffer würzen. Bei Zimmertemperatur 2 Stunden durchziehen lassen.

3. Den Backofen auf 230°C vorheizen. Das Fleisch in den vorgeheizten Ofen schieben und 20 Minuten braten. Dann die Ofentemperatur auf 160°C reduzieren und weitere 2 Stunden garen. Bei der Bestimmung des Gargrades hilft ein Backofenthermometer. Das Fleisch ist innen noch deutlich rosa (medium rare), wenn die Kerntemperatur bei 43—46°C liegt. Nach Belieben das Fleisch stärker durchgaren.

4. Das Fleisch vor dem Servieren 30 Minuten ruhen lassen. Dabei gart es weiter. Für mediumrare liegt die Innentemperatur am Ende bei 54—57°C. In Scheiben schneiden und mit der Meerrettichsauce servieren.

SURF & TURF
DER SPITZENKLASSE

VORB.: 10 Min.
FÜR 2 PERSONEN
GARZEIT: 25 Min.

SCHWIERIGKEITSGRAD

Zutaten

- 500 g neue Kartoffeln, in dicke Scheiben geschnitten
- 8 EL Olivenöl
- 1 Knoblauchknolle, in Zehen zerteilt
- frische Rosmarinblätter
- 2 Rib-Eye-Steaks (à 350 g), mit Salz und Pfeffer bestreut
- 25 g Butter
- 500 g rohe Riesengarnelen mit Schale
- 3 Knoblauchzehen, in Scheiben geschnitten
- Saft von ½ Zitrone
- Salz und Pfeffer

1. Den Backofen auf 200 °C vorheizen.

2. In einer großen Schüssel Kartoffeln, 4 Esslöffel Olivenöl, Knoblauchzehen und Rosmarin mischen und mit Salz und Pfeffer würzen. Die Kartoffeln auf einem großen beschichteten Backblech verteilen und im vorgeheizten Ofen 25 Minuten goldbraun backen. Zwischendurch einmal wenden.

3. Wenn die Kartoffeln 15 Minuten im Ofen sind, eine große beschichtete Pfanne erhitzen und die restlichen 4 Esslöffel Öl hineingeben. Wenn das Öl raucht, die Steaks und die Butter zugeben. Die Steaks von jeder Seite 2–3 Minuten braten oder bis der gewünschte Gargrad erreicht ist – siehe Seite 62. Aus der Pfanne nehmen und auf einem vorgewärmten Teller ruhen lassen.

4. Die heiße Pfanne wieder auf den Herd stellen. Garnelen und Knoblauch zufügen. Die Garnelen von jeder Seite 2 Minuten braten, bis sie rosa werden. Mit Zitronensaft, Salz und Pfeffer würzen. Vom Herd nehmen.

5. Die Steaks sofort mit den Garnelen und den Kartoffeln servieren.

UPGRADE
Wer richtig protzen möchte, ersetzt die Garnelen durch einen Hummer.

BEWEISEN SIE ES ALLEN!

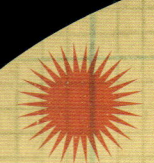

Echte Männer lieben Herausforderungen. Das ist genetisch bedingt. Wenn wir einen Berg sehen, müssen wir hinauf. Sehen wir ein Tor, müssen wir einen Ball treten. Und fordert uns eine Speisekarte mit einem Zwei-Kilo-Steak, einem 60 cm langen Burrito oder einem megascharfen Chili heraus, schreien wir: Her damit!

Das Gute daran? Herausforderungen für Vielfraße liegen im Trend. Das Üble? Sie sind nicht ohne. Die Gastronomen machen es uns nicht leicht, wertvolle Preise wie T-Shirts oder Menügutscheine (und natürlich einen Platz an der Wall of Fame) zu erobern.

Solche Wettbewerbe lassen sich in drei Kategorien einteilen. Entweder geht es um die Menge (also möglichst viel verdrücken), um die Schärfe (der teuflischen Chilisauce die Stirn bieten) oder die Zeit (so viel wie möglich hinunterschlingen, ehe der Gong ertönt). Auch Kombinationen kommen vor.

Wie geht man nun so eine Herausforderung an? Genauso wie eine Bergbesteigung oder einen Elfmeter. Man muss trainieren.

Schritt 1: Die Herausforderung einschätzen.
Da geht es um Recherche. Finden Sie heraus, was genau Sie leisten müssen, wie lange Sie durchhalten müssen und wie viele Recken es vor Ihnen geschafft haben.

Schritt 2: Training.

Trainingsziel Menge: Ob Monster-Steak, Pizza im LKW-Reifen-Format oder Berge von Fish & Chips: Das Vertilgen von Mengen kann man gut zu Hause üben. Einfach das passende Rezept in diesem Buch aufschlagen, die Zutatenmengen erhöhen und loslegen. Nicht vergessen: Übung macht den Meister.

Trainingsziel Schärfe: Fangen Sie nicht gleich mit den schärfsten Currys und Chilisaucen an. Besser ist es, sich allmählich heranzutasten und die eigenen Grenzen zu erweitern, um Durchhaltevermögen zu erreichen. Ein Sportler muss sich ja auch erst akklimatisieren, bevor er im Gebirge Leistung bringen kann.

Trainingsziel Zeit: 20 Hotdogs in 2 Minuten? 2 Dutzend Riesengarnelen in 60 Sekunden? 36 Chickenwings in einer halben Stunde? Mit etwas Training alles machbar, meine Herren. Sie brauchen nur etwas Vorbereitung, einen großen Küchentisch und eine Stoppuhr. Keine Stoppuhr zur Hand? Kein Problem, einfach etwas in die Mikrowelle stellen und einschalten.

Schritt 3: Antreten und den Leuten zeigen, wo der Hammer hängt. Schließlich sind Sie ein ganzer Kerl.

TIPPS FÜR SIEGERTYPEN

- Zu Chili nie Wasser trinken, es verteilt die Schärfe nur. Trinken Sie Milch, und zwar jede Menge.
- Es dauert etwa 20 Minuten, bis der Magen das Signal „satt" ans Gehirn sendet. Also hauen Sie rein, bevor das Gehirn in Aktion tritt.
- Packen Sie den schwierigsten Teil des Wettbewerbs zuerst an und sparen Sie sich den leckersten Teil für den (meist schwierigen) Schluss auf.
- Nehmen Sie Ihre Gesundheit ernst. Wenn Sie an Beschwerden leiden, die gegen Ihr Vorhaben sprechen, lassen Sie die Finger vom Wettbewerb.

LAMMKARREE

SCHWIERIGKEITSGRAD

Zutaten

500 g Lammkarree, küchenfertig

Salz und Pfeffer

Sauce
1 EL natives Olivenöl extra

1 kleine Zwiebel, fein gehackt

1 Knoblauchzehe, zerdrückt

1–2 EL rotes Johannisbeergelee

1 EL Sojasauce

200 ml Orangen- oder Blutorangensaft

150 ml Rotwein

1 Zweig frischer Rosmarin

Salz und Pfeffer

1. Für die Sauce das Öl in einem kleinen Topf erhitzen. Zwiebel und Knoblauch darin 3 Minuten unter gelegentlichem Rühren andünsten. Johannisbeergelee, Sojasauce, Orangensaft, Wein und Rosmarin zufügen und zum Kochen bringen. Das Gelee unter Rühren auflösen, dann die Temperatur reduzieren und die Sauce 20 Minuten köcheln lassen, bis sie auf die Hälfte eingekocht und leicht sirupartig ist. Mit Salz und Pfeffer abschmecken.

2. Den Backofen auf 200°C vorheizen. Das Fleisch mit etwas Salz und Pfeffer würzen und rundherum in einer heißen Pfanne scharf anbraten. In einen Bräter setzen und mit etwas Sauce einpinseln. Im vorgeheizten Backofen garen. Nach 8 Minuten ist es medium rare, nach 15 Minuten medium und nach 20–25 Minuten well done. Locker mit Alufolie abdecken und 10 Minuten ruhen lassen.

3. Inzwischen die Sauce durch ein Sieb streichen und wieder erhitzen. Das Lammkarree zwischen den Rippen in Scheiben schneiden und auf Serviertellern anrichten. Mit der Sauce übergießen und sofort servieren.

FISCH IM BIERTEIG & CHIPS

SCHWIERIGKEITSGRAD

Zutaten

Teig
225 g Mehl, plus etwas mehr zum Bestäuben

2 gehäufte TL Backpulver

½ TL Salz

300 ml kaltes helles Bier

Erbsenpüree
350 g Erbsen (TK)

30 g Butter

2 EL Sahne

Pflanzenöl, zum Frittieren

6 große mehlig kochende Kartoffeln, in Stifte geschnitten

4 dicke Dorschfilets (à 175 g)

Salz und Pfeffer

Zitronenspalten, zum Servieren

1. Das Mehl mit dem Backpulver und etwas Salz in eine Schüssel sieben und mit dem größten Teil des Biers verrühren. Der Teig soll eine sahnige Konsistenz haben. Ist er zu dick, noch etwas Bier unterrühren. 30 Minuten in den Kühlschrank stellen.

2. Die Erbsen in leicht gesalzenem Wasser 5 Minuten garen. Abgießen und pürieren. Butter und Sahne unterrühren und mit Salz und Pfeffer abschmecken. Beiseitestellen und warm halten.

3. Das Öl in einer Fritteuse mit Thermostat auf 120 °C erhitzen. Alternativ einen großen Topf und ein Thermometer verwenden. Den Backofen auf 150 °C vorheizen.

4. Die Kartoffeln ca. 8–10 Minuten frittieren, bis sie weich, aber noch nicht gebräunt sind. Aus dem Öl nehmen und kurz auf Küchenpapier abtropfen lassen. In eine Schüssel schütten und in den warmen Ofen schieben. Die Temperatur des Öls auf 180 °C erhöhen.

5. Den Fisch mit Salz und Pfeffer würzen und mit etwas Mehl bestäuben. 1 Filet in den Teig tauchen. Es soll dick umhüllt sein.

6. Vorsichtig ins heiße Öl legen. Mit den anderen Filets ebenso verfahren. Je nach Größe der Fritteuse die Filets in Portionen garen. 8–10 Minuten frittieren, nach der Hälfte der Zeit wenden. Aus dem Öl nehmen und warm halten.

7. Das Öl wieder auf 180 °C erhitzen und die Kartoffeln 2–3 Minuten goldbraun frittieren. Abtropfen lassen und mit Salz und Pfeffer würzen. Sofort mit dem Fisch und dem Erbsenpüree servieren. Dazu Zitronenspalten zum Beträufeln reichen.

PAELLA

SCHWIERIGKEITSGRAD

Zutaten

6 EL Olivenöl

6–8 Hähnchenkeulen, entbeint

140 g Chorizo, gewürfelt

2 große Zwiebeln, gehackt

4 große Knoblauchzehen, zerdrückt

1 TL Paprikapulver

350 g Paella-Reis, abgespült und abgetropft

100 g grüne Bohnen, in Stücke geschnitten

125 g Erbsen (TK)

1,3 l Fischfond

½ TL Safranfäden, in 2 EL heißem Wasser eingeweicht

16 Miesmuscheln, abgebürstet, Bärte entfernt und 10 Minuten in Salzwasser eingelegt

16 rohe Garnelen, ausgelöst

2 rote Paprika, halbiert, entkernt, gegrillt, gehäutet und in Scheiben geschnitten

Salz und Pfeffer

frisch gehackte Petersilie zum Garnieren

1. 3 Esslöffel Öl in einer Paella-Pfanne (30 cm) oder einem Bräter erhitzen. Das Hähnchenfleisch bei mittlerer bis hoher Temperatur 5 Minuten knusprig und goldbraun braten, zwischendurch häufig wenden.

2. Mit einem Schaumlöffel herausnehmen und in eine Schüssel legen.

3. Die Chorizo in die Pfanne geben und unter ständigem Rühren 1 Minute anbraten, bis sie knusprig wird. Zum Hähnchen geben.

4. Das restliche Öl in der Pfanne erhitzen. Die Zwiebeln darin 2 Minuten unter ständigem Rühren andünsten. Knoblauch und Paprika zufügen und 3 Minuten mitbraten, bis die Zwiebeln weich, aber nicht braun sind.

5. Reis, Bohnen und Erbsen zufügen und rühren, bis alles von Öl umhüllt ist. Fleisch und Chorizo mit dem ausgetretenen Saft wieder in die Pfanne geben. Fischfond, Safran mit Einweichflüssigkeit sowie Salz und Pfeffer nach Geschmack zugeben und unter gelegentlichem Rühren zum Kochen bringen. Auf niedrige Temperatur umschalten und ohne Deckel 15 Minuten köcheln lassen.

6. Muscheln mit beschädigten Schalen und solche, die sich beim Gegenklopfen nicht schließen, aussortieren. Einwandfreie Muscheln, Garnelen und Paprika auf der Paella anrichten, abdecken und 5 Minuten köcheln lassen, bis die Garnelen rosa sind und die Muscheln sich geöffnet haben. Geschlossene Muscheln entfernen. Prüfen, ob das Hähnchenfleisch durchgegart ist (beim Einstechen an der dicksten Stelle muss klarer Fleischsaft austreten).

7. Mit der Petersilie garnieren und sofort servieren.

125

FEINER MUSCHELTOPF

SCHWIERIGKEITSGRAD

Zutaten

- 2 EL Olivenöl
- 25 g Butter
- 4 Schalotten, fein gehackt
- 4 Knoblauchzehen, gehackt
- 4 Selleriestangen, fein gehackt
- 1 EL geräuchertes Paprikapulver
- 450 ml trockener Cidre
- 2 l heiße Hühnerbrühe
- 500 g neue Kartoffeln
- 2 Maiskolben, je in 3 Stücke geschnitten
- 200 g geräucherte Wurst, in Scheiben geschnitten
- 1 kg Venusmuscheln, abgebürstet
- 1 kg große rohe Garnelen mit Schale
- 1 kleines Bund frische Petersilie, gehackt
- Salz und Pfeffer
- frisches, knuspriges Brot zum Servieren

1. Olivenöl, Butter, Schalotten, Knoblauch und Sellerie in einen großen Bräter mit gut schließendem Deckel geben. Ohne Deckel bei mittlerer bis niedriger Temperatur 10 Minuten dünsten, bis die Schalotten glasig sind.

2. Geräuchertes Paprikapulver, Cidre und heiße Hühnerbrühe zufügen. Zum Kochen bringen und die Kartoffeln zugeben. Abgedeckt 10 Minuten köcheln lassen, dann Mais und Wurstscheiben zugeben. Weitere 10 Minuten köcheln lassen, bis die Kartoffeln fast gar sind.

3. Muscheln mit beschädigten Schalen und solche, die sich beim Gegenklopfen nicht schließen, aussortieren. Muscheln und Garnelen in den Bräter geben und weitere 2 Minuten garen, bis die Garnelen rosa sind und die Muscheln sich geöffnet haben. Geschlossene Muscheln entfernen.

4. Vom Herd nehmen und einige Minuten stehen lassen. Dann die gehackte Petersilie einrühren und mit Salz und Pfeffer abschmecken. In eine große Schüssel umfüllen und sofort mit frischem, knusprigem Brot servieren.

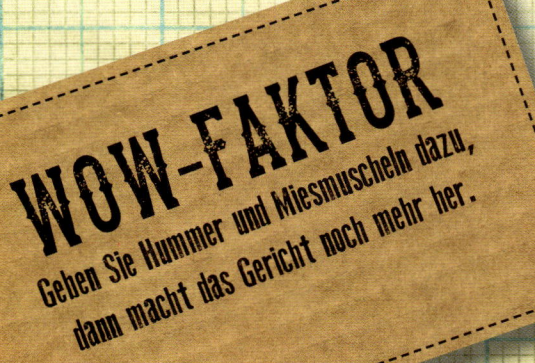

WOW-FAKTOR
Geben Sie Hummer und Miesmuscheln dazu, dann macht das Gericht noch mehr her.

Äpfel: Mega-Apfeltasche 82

Alkohol
  Angeschickerter Schoko-Käsekuchen 74
  Bieramisu 90
  Bierbrauen für alle 30
  Bierwaffeln mit Schinken und Käse 14
  Brathähnchen 106
  Feiner Muscheltopf 126
  Fisch im Bierteig & Chips 122
  Lammkarree 120
  Rindersteaks in Rotwein 110
  Schokomousse mit Chili-Kick 72

Avocado
  Feurige Rindfleisch-Tacos 22
  Tortilla-Chips mit Rindfleisch 20

Banane
  Bananen-Frühstücks-Shake 81
  Riesen-Bananensplit 94

Bei Figur bleiben 80
Beweisen Sie es allen 118

Bier
  Bieramisu 90
  Bierbrauen für alle 30
  Bierwaffeln mit Schinken und Käse 14
  Fisch im Bierteig & Chips 122

Chili
  Chicken Jalfrezi 104
  Kolossale Lammspieße mit scharfer Chilisauce 68
  Mega-Baguette mit Fleischklößen 24
  Schokomousse mit Chili-Kick 72
  Spareribs mit Chili 42
  Texas Lone Star Chili 54
  Tortilla-Chips mit Rindfleisch 20

Chorizo
  Paella 124
  Pizza für Fleischfans 56
  Super-Omelette mit Chorizo, roten Zwiebeln und Blauschimmelkäse 38

Cookie-Dough-Eiscreme 96

Datteln: Saftiger Karamellkuchen 84

Eier
  Das beste Bacon-Baguette 16
  Mixed Grill de luxe 46
  Pfannkuchenturm 92
  Pikante gebackene Eier mit Tomaten & Speck 36
  Super-Omelette mit Chorizo, roten Zwiebeln und Blauschimmelkäse 38

Erbsen
  Fisch im Bierteig & Chips 122
  Paella 124

Feigen: Arme Ritter vom Feinsten 98

Fisch und Meeresfrüchte
  Feiner Muscheltopf 126
  Fisch im Bierteig & Chips 122
  Paella 124
  Scharfes Fischstäbchen-Sandwich mit russischem Dressing & Rucola 34
  Surf & Turf der Spitzenklasse 116

Huhn
  Brathähnchen 106
  Chicken Jalfrezi 104
  Chickenwings mit scharfer Sauce 64
  Chickenwraps zum Sattwerden 60
  Feiner Muscheltopf 126
  Hähnchen Piri-Piri 66
  Paella 124
  Tandoori-Hähnchen 108

Joghurt: Tandoori-Hähnchen 108

Kartoffeln
  Feiner Muscheltopf 126
  Fisch im Bierteig & Chips 122
  Kartoffel-Wedges mit zwei Dips 18
  Pommes mit Speck und Käse 12
  Putenschnitzel mit Kartoffel-Wedges 102
  Surf & Turf der Spitzenklasse 116
  Zweimal frittierte Pommes 10

Käse
  Bagels mit überbackenem Thunfisch 32
  Bierwaffeln mit Schinken und Käse 14
  Das beste Bacon-Baguette 16
  Doppeldecker-Burger 58
  Feurige Rindfleisch-Tacos 22
  Pizza für Fleischfans 56
  Pommes mit Speck und Käse 12
  Putenschnitzel mit Kartoffel-Wedges 102
  Tortilla-Chips mit Rindfleisch 20
  Vier-Käse-Makkaroni 50

Kirschen
  Kopfsteinpflaster-Donuts 78
  Riesen-Bananensplit 94
  Schokomousse mit Chili-Kick 72

Kürbis: Kürbiskuchen mit saurer Sahne 86

Lamm
  Lammkarree 120
  Kolossale Lammspieße mit scharfer Chilisauce 68
  Mixed Grill de luxe 46

Mais
  Feiner Muscheltopf 126
  Pikante gebackene Eier mit Tomaten & Speck 36

Nüsse
  Erdnussbutter-Doppeldecker 88
  Kopfsteinpflaster-Donuts 78
  Riesen-Bananensplit 94

Paprika
  Chicken Jalfrezi 104
  Chickenwraps zum Sattwerden 60
  Hackbraten 52
  Pikante gebackene Eier mit Tomaten & Speck 36

Pasta
  Fettuccine Alfredo 48
  Spaghetti mit Fleischklößchen 112
  Vier-Käse-Makkaroni 50

Pfannkuchenturm 92

Pilze
  Hackbraten 52
  Mixed Grill de luxe 46
  Pizza für Fleischfans 56
  Putenschnitzel mit Kartoffel-Wedges 102

Rind
  Das perfekte Steak 62
  Doppeldecker-Burger 58
  Feurige Rindfleisch-Tacos 22
  Hackbraten 52
  Hohe Rippe mit Meerrettichsauce 114
  Mega-Baguette mit Fleischklößen 24
  Mixed Grill de luxe 46
  Pizza für Fleischfans 56
  Rindersteaks in Rotwein 110
  Rumpsteak-Sandwiches 26
  Spaghetti mit Fleischklößchen 112
  Surf & Turf der Spitzenklasse 116
  Texas Lone Star Chili 54
  Tortilla-Chips mit Rindfleisch 20

Schokolade
  Angeschickerter Schoko-Käsekuchen 74
  Arme Ritter vom Feinsten 98
  Cookie-Dough-Eiscreme 96
  Eistorte mit Chocolate Chips 76
  Erdnussbutter-Doppeldecker 88
  Kopfsteinpflaster-Donuts 78
  Riesen-Bananensplit 94
  Schokomousse mit Chili-Kick 72

Schwein
  Aufgespießte Würstchen im Teig 28
  Feiner Muscheltopf 126
  Monster-Hotdogs 44
  Mixed Grill de luxe 46
  Pizza für Fleischfans 56
  Spareribs mit Chili 42

Speck
  Das beste Bacon-Baguette 16
  Pikante gebackene Eier mit Tomaten & Speck 36
  Pommes mit Speck und Käse 12

Thunfisch: Bagels mit überbackenem Thunfisch 32

Tomaten
  Chicken Jalfrezi 104
  Doppeldecker-Burger 58
  Feurige Rindfleisch-Tacos 22
  Kolossale Lammspieße mit scharfer Chilisauce 68
  Mixed Grill de luxe 46
  Pikante gebackene Eier mit Tomaten & Speck 36
  Pizza für Fleischfans 56
  Spaghetti mit Fleischklößchen 112
  Tandoori-Hähnchen 108
  Texas Lone Star Chili 54